현대
사회를
읽는
질문 8

'나'와 '현실'을 이해하는 데 필요한 생각 기술

현대
사회를
읽는
질문 8

오카모토 유이치로 지음 | 지비원 옮김

글담출판

소크라테스는 어려운 말을 할 줄 몰랐다. 오히려 자신은 아는 것이 없다고 했다. 그러면서 하루 종일 시장통을 쏘다니며 젊은이들과 노닥거리거나 지혜롭다고 알려진 사람들에게 질문을 던지고 또 던지곤 했다. '용기란 무엇인가?' '경건이란 무엇인가?' '정의란 무엇인가?' 그럴 때면 질문을 받은 사람들은 당황했다. 소크라테스와 논의를 할수록 지금껏 잘 안다고 여겼던 것들을 제대로 알지 못하고 있다는 사실을 깨달았기 때문이다. 그렇게 소크라테스는 사람들로 하여금 당연한 것을 의심하게 해 무지無知를 깨닫게 했다.

『현대 사회를 읽는 질문 8』의 저자인 오카모토 유이치로 교수는 소크라테스 같은 사람이다. 발전은 상식을 의심할 때 시작한다. 군주의 지배가 당연하던 시절, '왜 왕에게 복종해야 하는가?'라는 질문은 민주주의의 맹아를 싹틔웠다. 또 '왜 남성이 여성보다 대

접받아야 하는가?'라는 질문은 여성의 권리를 끌어올렸다. 이와 마찬가지로 유이치로 교수는 우리 시대 '상식'에 대해 거침없이 의문을 던진다. "모두가 꼭 자유롭고 평등해야 할까?" "로봇과 인간을 구분할 수 없는 미래가 온다면?" "인간은 왜 자연을 보호할까?" 등 책에 담긴 질문들은 모두 우리의 의표를 찌른다. 말도 안 되는 물음 같지만, 설득력 있게 답을 내놓기 쉽지 않다.

"모두가 꼭 자유롭고 평등해야 할까?"라는 질문에는 어떻게 대답해야 할까? 자유와 평등은 함께하기 어려운 가치다. 사람들은 모두 생김새나 능력이 다르다. 따라서 모든 사람을 똑같이 대하면 부작용이 생길 수밖에 없다. 그렇다고 제한 없이 자유롭게 경쟁하도록 두면 그 결과로 발생할 빈부 격차와 위화감은 어찌해야 할까? 도대체 우리는 자유와 평등을 어떻게 다루어야 하는 걸까?

유이치로 교수는 이에 대한 해답을 찾고자 현대 철학자들의 생각을 유용한 안경으로 삼아 우리 앞에 놓인 문제들을 새로운 시각으로 살핀다. 각각의 물음에 대한 해법을 짚어 줄 사상을 찾아내 들려준다는 의미다. 예컨대 자유와 평등에 관한 물음에서는 존 롤스의 이론을 끌어들인다. 존 롤스는 『만민법』에서 '카자니스탄'이라는 허구의 나라를 세웠다. 이 나라는 '이상화된 이슬람교 국민국가'로, '한 사람당 한 표'라는 생각이 없고, 모두가 평등하게 정치에 참여하지도 않는다. 그렇지만 이슬람 율법에 따라 인권을 존

중하고 평화를 사랑한다. 유이치로 교수는 여기서 또다시 질문을 던진다. '이런 나라가 서구의 민주주의 국가보다 못하다고 할 근거는 무엇일까?' 이와 같은 교수의 질문들을 따라가다 보면 민주주의에 대한 우리의 믿음이 절로 흔들린다. 나아가 진정으로 필요한 정치 체제가 무엇인지도 고민하게 된다.

"로봇과 인간을 구분할 수 없는 미래가 온다면?"이라는 질문은 어떠한가? 인공 지능이 인간의 지성을 추월하리라는 것은 더 이상 비밀이 아니다. 인간처럼 감정을 느낄 수 있는 로봇까지 등장하고 있는 것이 지금의 현실이다. 앞으로 우리는 기계를 어떻게 대해야 할까? 현재는 기계를 함부로 다룬다고 해서 처벌받지 않는다. 하지만 앞으로는 어떨까? 인간처럼 느끼고 생각하는 존재를 아무렇게나 대해도 문제가 없을까?

이에 대해 유이치로 교수는 페미니즘 학자인 도나 해러웨이의 생각을 인용한다. 도나 해러웨이에 따르면 이분법에 뿌리를 두고 있는 서양의 과학과 정치라는 전통은 지금껏 '남성이냐 여성이냐' 혹은 '인간이냐 동물이냐'처럼 어느 한쪽을 차별해 왔다. 교수는 생각하고 느낄 줄 아는 로봇들을 다르게 다루며 인간과 기계를 구별해 대하려는 발상도 이와 다르지 않다고 보았다. 이는 차별을 당연하게 여기는 우리의 삐뚤어진 문화를 보여 주는 것이기도 하다.

이밖에도 "다른 사람과 의사소통이 가능하려면?" "이제는 복제도 창작의 수단이지 않을까?" 등 책에 담긴 유이치로 교수의 질문들은 우리의 상식을 여지없이 뒤흔든다.

『현대 사회를 읽는 질문 8』에는 새로운 생각을 열어 주는 매력적인 내용들이 가득하다. 유이치로 교수가 물음을 탐구하는 과정에서 소개하는 다양한 현대 사상은 전혀 어렵지 않다. 집요하게 물음을 던지며 현대 사상으로 가는 쉬운 길을 안내할 뿐이다. 그런 의미에서 유이치로 교수는 '상식이라는 편견'에서 우리를 탈출시키는 이 시대의 소크라테스다. 현실이 답답하고 미래가 불안하다면 이 책을 꼭 읽어 볼 일이다.

안광복_중동고 철학 교사_철학 박사
_『처음 읽는 서양 철학사』 저자

처음에 저는 이 책을 '초등학생을 위한 현대 사상'으로 기획했습니다. 하지만 이런 말을 하면 사람들로부터 가벼운 비웃음을 사거나 비난을 받겠죠. "초등학생을 위한 현대 사상이라니, 바보 같은 소리에도 정도가 있어야지! 어른도 좀처럼 이해하지 못하는 현대 사상을 어린아이한테 이야기해 봤자 쇠귀에 경 읽기밖에 더 되겠어?" 이런 비난에도 분명 일리가 있습니다. 왜냐하면 지금까지 현대 사상이라고 하면 매우 어려운 표현('레토릭rhetoric'이라고 하기도 합니다)을 잔뜩 사용해 뭐가 뭔지 이해하기 힘든 염불 같은 것이었으니까요.

현대 사상에는 대개 해외 철학자들의 책을 번역한 것이 많고, 읽어 봐도 무슨 말을 하려고 하는 건지 선뜻 이해가 가지 않습니다. 원문 자체가 어려운지 번역이 나쁜지는 잘 모르겠지만 어쨌거나 여간해서는 읽히지 않습니다. 이런 사실을 생각하면 초등학생에게 현대 사상은 무의미할 것입니다. 그런데도 저는 왜 초등학생에게 현대 사상을 권하려 할까요?

제가 이런 생각을 하게 된 건 사소한 우연 때문입니다. 어쩌다 보게 된 중학교 입시 국어 문제에 현대 사상에 관련된 글이 나와 있었습니다. 대학 입시 국어 지문이 그런 글로 도배되는 것은 이미 상식이지만 일본에서는 이제 이런 흐름이 중학교 입시에까지 미치고 있습니다.

이런 상황을 보며 저는 '이건 아니다' 싶었습니다. 초등학교는 커녕 고등학교에서도 현대 사상을 가르치지 않고 현대 사상 강의가 없는 대학도 많습니다. 적어도 고등학교까지는 현대 사상에 대해 배울 기회가 전무하다고 해도 과언이 아닙니다. 입시에는 현대 사상 관련 글이 출제되지만 학교에서는 현대 사상을 가르치지 않습니다. 이는 어린아이들에게 매우 불행한 사태입니다. 학교에서는 가르치지 않는 현대 사상을 과연 아이들이 이해할 필요가 있는 걸까요?

결론부터 말하자면 저는 현대 사상이 필수적인 지식이라고 생각합니다. 하지만 입시에 나오니까 필수적인 것이 아닙니다. 그렇다면 어떤 의미에서 현대 사상이 필요한 걸까요?

그 이유는 간단합니다. 현대를 살아가는 사람들이 '지금'이라는 시대를 이해하기 위한 도구가 바로 현대 사상이기 때문입니다. 어른뿐만 아니라 아이들도 사회와 자기 자신을 이해하려면 현대 사상이 필요합니다. 사상이라고 하면 어려울 것 같지만 그렇게 심각하게 생각하지 않아도 됩니다. 사상이란 예를 들자면 안경 같은 것입니다. 그 안경을 쓰면 지금까지 보이지 않았던 것이 보이거나 전혀 다른 풍경이 나타날지도 모릅니다. 현대라는 시대를 보려면 현대 사상이라는 안경이 필요합니다.

그래서 저는 현대 사상에서 어떤 문제들을 다루고 있는지 아이들도 이해할 수 있도록 쉽게 제시하고 싶었습니다. 물론 본격적인 논의에 들어가면 복잡한 관계들을 다루어야 하기 때문에 쉬운 방식으로 설명할 수는 없습니다. 하지만 현대 사상의 기본적인 메시지 정도는 전달할 수 있으리라 봅니다. '난해한 현대 사상은 과연 무엇을 말하려는 것인가' 이 질문에 되도록 쉽게 답하는 것이 이 책의 목적입니다.

이 책을 쓰게 된 계기는 입시 국어 문제였지만 이 책의 목적은 입시가 아닙니다. 오히려 현대 사상을 접함으로써 지금까지 소박하게 받아들였던 세상에 대한 관점과 사고방식을 되묻고 새로운 발상법에 흥미를 갖게 된다면 무척 기쁠 것입니다. 어른도 아이도 같은 시대를 살아가는 구성원입니다. 어쩌면 감수성이 풍부한 만큼 어린아이가 현대 사상을 더 잘 이해할지도 모릅니다. 저는 개인적으로 그런 어린아이가 많이 나와 주기를 바라고 있습니다.

끝으로 이 책을 읽는 방법에 대해 잠깐 이야기할까 합니다. 모든 장의 주제가 서로 관련이 있기는 하지만 깊이 연관되지는 않습니다. 그러므로 각 장을 따로 읽어도 됩니다. 재미있어 보이는 부분부터 가볍게 읽어 나가시기 바랍니다. 인용한 책들은 책 마지막 부분에 참고 문헌으로 정리했습니다. 관심이 가면 꼭 읽어 보시기 바랍니다. 이 책의 토대가 된 저서들은 읽어도 쉽게 이해하기 힘들지만 분위기만이라도 맛볼 가치가 있습니다.

그러면 이제부터 구체적인 주제들을 함께 살펴보도록 하겠습니다.

CONTENTS

추천사 · 004
들어가며 · 008

질문 01

자유와 평등

모두가 꼭 자유롭고 평등해야 할까?

• 우리는 자유롭고 평등한 사회에 살고 있을까? —————— 019
　자유 민주주의란 무엇일까? | 다른 사람에게 해만 끼치지 않으면 되는 권리, 자유
　불평등과 평등은 언제나 공존한다

• 역사적으로 자유 민주주의가 실현된 적이 있을까? —————— 026
　양립할 수 없는 권리, 자유와 평등 | 모든 것이 자유롭지는 않은 '자유주의'
　세상은 자유로울수록 불평등하다

• 민주주의가 정말 필요할까? ————————————————— 034
　사람들로부터 신뢰를 잃은 민주주의 | 그럼에도 민주주의가 필요한 이유
　어떤 민주주의가 도래해야 할까?

질문 02

감시 사회

오늘날 우리는 자발적으로 감시받고 있는 것이 아닐까?

• 지금은 현대판『1984』? ————————————————————— 043
　우리가 생각하는 '감시 사회'의 모습 | 근대 사회의 본질적인 구조, 패놉티콘
　오늘날의 감시는 자유를 제한하지 않는다

• 감시는 정말 나쁠까? ————————————————————— 050
　생활의 디지털화와 '슈퍼 패놉티콘' | 감시가 가져다주는 편리함
　안전을 위해 자발적으로 감시받는 현대인

• 현대인에게 감시는 꼭 필요한 게 아닐까? —————————— 058
언제나, 어느 곳에서나 존재했던 '감시' | 우리 모두 감시의 대상
우리는 감시 체제에서 벗어날 수 있을까?

질문 03

로봇   **로봇과 인간을 구분할 수 없는 미래가 온다면?**

• 인간을 만들 수 있게 된다면? ————————————— 069
인간을 생산하는 오늘 | 복제 인간, 어떻게 봐야 할까? | 유전자 조작을 통해 엿본 미래

• 인간을 향상시킬 수 있게 된다면? ———————————— 076
인간의 신체와 기계를 결합한 사이보그의 등장 | 사이보그화된 난치병 환자들
낡은 남성 지상주의 정치를 타파할 수 있는 사이보그

• 로봇과 인간이 똑같아진다면? ————————————— 083
휴머노이드가 현실에서도 존재하게 되면? | 로봇과 인간을 구분하는 기준
나는 정말 인간이 맞을까?

질문 04

뇌 과학   **나의 마음을 확실하게 아는 방법은?**

• 다른 사람의 마음을 정확히 알 수 있을까? —————————— 093
볼 수도, 느낄 수도 없는 마음 | 마음을 알 수 있기는 할까?
어느 누구도 다른 이의 마음을 알 수 없다

• 뇌가 먼저 변화할까? 마음이 먼저 움직일까? ————————— 100
마음의 방향을 결정하는 뇌 | 자유 의지는 어디에서 비롯될까?
자유 의지도 뇌의 영향을 받는다

• 나를 움직이는 것이 정말 뇌일까? ————————————— 107
뇌는 마음의 중추 | '나'가 사라지고 '뇌'만 남은 사회 | 그래도 마음은 중요하다

질문 05

정체성　　**내가 누구인지를 꼭 확립해야 할까?**

- 나는 남성일까? 여성일까? ──────── 117
  정말 나의 '성'은 하나뿐일까? | 한 사람의 성은 셀 수 없다
  사회적으로 형성된 성, 젠더

- 나의 인격은 몇 개일까? ──────── 125
  다중 인격이 필요한 현대인들 | 두 사람이 똑같은 인격을 가지면 어떻게 될까?
  지금은 인격 트러블 시대

- 정체성을 하나로 확립할 수 있을까? ──────── 132
  '나'는 계속 변화한다 | 오늘날 정체성의 다양한 의미 | 이제는 캐릭터의 시대

질문 06

**의사
소통**　　**다른 사람과 의사소통이 가능하려면?**

- 나는 제대로 의사를 전달하고 있을까? ──────── 141
  의사소통 행위와 전략적 행위 | 목적이 있다면 의사소통이 아니다
  이상적인 의사소통은 현실적으로 불가능하다

- 소통으로 사회가 바뀔 수 있을까? ──────── 148
  모든 사람은 권력관계에 놓여 있다 | '권력 없는 의사소통'은 환상에 불과하다
  의사소통으로는 극복할 수 없는 현실

- 나에게 필요한 의사소통은? ──────── 155
  대화의 맥락을 이해하기, 메타 의사소통 | 의사소통과 메타 의사소통이 불일치하면?
  의사소통에도 융통성이 필요한 순간이 있다

질문 07

복제　　**이제는 복제도 창작의 수단이지 않을까?**

- 복제는 정말 나쁜 일일까? ──────── 165
  복제가 난무하는 세상 | 지성을 갖춘 교수도 예외는 아니다 | 복제의 천재들

- 지금도 원본에 가치가 있을까? —————————— 172
  복사물을 복사하는 사람들 | 하늘 아래 새로운 것은 없다 | 모방은 창조의 어머니

- 우리의 삶도 복제의 연속이지 않을까? —————————— 179
  이제 '유일무이한 것'은 없다 | 원본이 없는 복제 | 현실의 시뮬라시옹화
  현대 사회의 새로운 조건, '복제하는 지성'

질문 08

환경   # 인간은 왜 자연을 보호할까?

- 인간이 자연을 보호하는 것은 기만이 아닐까? —————————— 191
  환경 파괴의 원인, 인간 | 인간 역사의 시작이 곧 환경 파괴의 시작
  파괴의 주체가 보호하는 아이러니

- 인간이 환경 보호를 통해 정말 바라는 것은? —————————— 198
  환경 보호는 인류 전체의 책임? | 인간이 꿈꾸는 순수한 자연은 없다
  소외론을 배경으로 하는 '자연과의 조화'

- 우리는 어떻게 자연을 보호해야 할까? —————————— 204
  자연과 인간이 조화를 이뤘던 적은 없다 | 자연에 사람의 손길이 닿지 않을 수 있을까?
  '적응하며 관리하기'로서의 자연 보호

마지막

질문   # 이제 우리에게는 어떤 질문이 남아 있을까?

- 지금 우리는 어디로 가고 있을까? —————————— 213
  마르크스의 예언 | 절대적인 가치가 사라진 시대 | 모든 것을 쓸모로 판단하는 지금

- 우리는 어떻게 바뀌어야 할까? —————————— 222
  이제는 믿을 수 없는 커다란 이야기 | '인간'이라는 커다란 이야기의 종언
  경계를 넘나드는 지성이 필요하다

나오며 · 230
주 · 참고 문헌 · 232

일러두기

1. 인명 및 지명 등은 국립국어원 외래어 표기법에 따랐습니다.

2. 괄호 안의 글은 특별한 언급이 없으면 저자의 보조 설명입니다.

3. 본문에 실린 인용문은 번역서가 있을 경우 대부분 그대로 인용했으며, 원서의 일본어 번역문과 대조해 부분적으로 표현을 바꾼 것도 있습니다. 번역서가 없는 글은 원서의 일본어 번역문을 번역했습니다.

4. 이 책에 사용한 인용문 중 저작권 허락을 받지 못한 일부에 대해서는 저작권자가 확인되는 대로 계약을 맺고 그에 따른 저작권료를 지불하겠습니다.

모두가
꼭 자유롭고
평등해야
할까

?

자유와 평등 | 감시 사회 | 로봇 | 뇌 과학

정체성 | 의사소통 | 복제 | 환경

×

민주주의를 어떻게 생각해야 하는가는 현
대를 살아가는 우리의 문제입니다. 자유
민주주의 사회에서 살아간다고 해서 민주
주의가 자명한 것은 아닙니다. 이 사회에
서 우리는 자유롭고 평등하다고 말할 수
있을까요?

우리는 자유롭고 평등한 사회에 살고 있을까?

자유 민주주의란 무엇일까?

우리는 현재 '자유 민주주의'를 표방하는 사회에 살고 있습니다. 이 사회의 기본 원리는 '자유'와 '평등'이며 헌법으로 이를 보장합니다. 그런데 이 사회가 정말로 자유롭고 평등한지 묻는다면 어떻게 답해야 할까요? 아니, 이에 대한 답을 하기 전에 자유 민주주의가 무엇을 의미하는지조차 분명히 말할 수 없을지도 모릅니다.

우선 '자유'에 대해 생각해 봅시다. 자유라는 말은 넓은 의미에서 본다면 '무엇이든 해도 좋다'는 뜻입니다. 예를 들어 "사람을 죽이는 것도 자유인가?"라고 묻는다면 그것 또한 자유라고 할 수는 있을 것입니다. 공부할 자유가 있다면 하지 않을 자유도 있습니다. 거짓말을 할 자유도 있고 하지 않을 자유도 있습니다. 자유에는 제한이 없기 때문에 무엇을 해도 상관없습니다. 하지만 우리 사회에서 자유를 옹호할 때, 아무도 그런 식의 자유를 주장하지는 않을 것입니다.

그렇다면 '평등'은 어떨까요? 주위를 둘러보면 잘 알 수 있듯이 실제로 사람들 사이에는 불평등이 존재합니다. 경제적인 차이를 부정할 수도 없고 외모도 다 다릅니다. 멋진 사람이 있는 반면 그렇지 않은 사람도 있습니다. 신체적 능력뿐만 아니라 지적 능력도 천차만별입니다. 또 타고난 환경도 제각각입니다. 부유한 가정에서 태어나 자기 재능을 충분히 발휘할 수 있는 사람도 있지만 부유한 가정이나 재능을 타고나지 못한 사람도 있습니다. 이런 예를 보면 불평등이야말로 정상적인 상태처럼 보입니다.

이처럼 조금만 생각해 보면 자유와 평등을 이해하기란 쉽지 않다는 사실을 알 수 있습니다. 그러므로 이들을 원리로 삼는 자유 민주주의 사회를 파악하기란 더욱 어려워 보입니다. 일반적으로 자유 민주주의란 보통 선거에서 선출된 국회의원이 국민의 대표로서 정치를 하는 것이라고 간주됩니다. 그런데 의원이 하는 정치가 민의를 반영한다고 할 수 있을까요? 또 이 정치의 어떤 면이 자유이고 민주주의일까요? 단언하자면 자유이고 민주주의인 것은 선거뿐입니다. 그러므로 오늘날 자유 민주주의를 계속 내세워야 하는지 의심하는 사람도 있습니다.

그렇다면 여기서 '자유'와 '평등'의 의미를 되묻고 '자유 민주주의'에 대해 생각할 필요가 있을 것입니다. 우리는 과연 어떤 사회에 살고 있을까요?

다른 사람에게 해만 끼치지 않으면 되는 권리, 자유

먼저 '자유'부터 생각해 봅시다. 그런데 이 말에는 다양한 의미가 있으므로 모든 의미를 논할 수는 없습니다. 그러므로 여기서는 그 가운데 아주 일부로서 현재 주로 사용되는 용법에 한정해 살펴보겠습니다. 그러면 이 '자유'는 어떤 개념일까요?

한마디로 말하면 '자기 결정의 자유'라고 할 수 있습니다. 이 개념의 계보를 추적해 보면 기본적으로 두 사람의 사상가를 만나게 됩니다. 우선 영국의 사상가 존 로크John Locke의 자유론을 살펴보겠습니다. 로크는 자기 자신의 신체에 소유권을 주장하면서 그 신체로 노동해 얻은 생산물에 관한 소유권도 주장했습니다. 간단히 말하자면 '자기 신체(몸)를 이용해 얻은 것은 자기 것'이라는 뜻입니다. 그러므로 인간은 '자기 신체(몸)'와 '자기가 만들어 낸 것(물건)'에 관해 자유롭게 결정해도 됩니다. 이들을 어떻게 하든 자기 자유이고 타인이 참견할 근거는 없습니다.

또 다른 사상가인 존 스튜어트 밀John Stuart Mill이 제창한 자유론은 현재 거의 상식처럼 받아들여집니다. 이는 '다른 사람에게 해를 끼치지 않으면 무엇이든 해도 된다'는 입장입니다. 밀의 글을 직접 살펴보겠습니다.

문명화된 공동체의 어느 한 구성원에게 그의 의지에 반해서 권력이 정당하게 행사될 수 있는 유일한 경우는 타인들에게 해를 가하는 것을 막기 위한 경우밖에 없다. …… 그 자신의 이익은 충분한 근거가 되지 못한다. 어떤 행동을 하는 것이 그에게 더 좋다는 이유로, 그것이 그를 더 행복하게 만들 것이라는 이유로, 타인들이 보기에 그렇게 하는 것이 현명하다거나 혹은 심지어 올바르다는 이유로 그가 어떤 행동을 하지 않도록 강제되는 것은 정당화될 수 없다는 것이다.

_존 스튜어트 밀, 『자유론On Liberty』[1]

밀의 '자유' 개념의 핵심은 타인의 간섭을 일절 배제하는 것입니다. 하지만 현실에서는 당사자에게 도움이 안 된다는 이유로 이런저런 개입을 하는 경우가 있습니다. 밀은 이를 '간섭주의paternalism'라고 하면서 배척했습니다. 이 말은 '아버지'를 의미하는 라틴어 '파테르pater'에서 만들어졌기 때문에 '부권적 온정주의' '가부장주의'

등으로 옮기기도 하는데 간단히 말하자면 '부모처럼 간섭하려는 입장'을 의미합니다. 우리 주변에서는 이 간섭주의를 흔하게 찾아볼 수 있지만 밀의 자유론에서는 이것이 허용되지 않습니다.

로크와 밀의 '자유' 개념을 사용하면 오늘날의 많은 현상들을 설명할 수 있습니다. 대화 형식을 빌려 몇몇 예를 살펴봅시다.

Q: "미용 성형을 해도 될까요?"

A: "자기 몸은 자기 것이므로 자유롭게 결정하면 됩니다."

Q: "장기 기증을 하고 싶습니다."

A: "자기 몸이니까 스스로 결정하세요."

Q: "아르바이트를 해서 여행을 가고 싶어요."

A: "스스로 노동해 번 돈이니 자유롭게 쓰세요."

Q: "다른 사람을 죽이고 싶어요."

A: "다른 사람에게 위해를 가하는 건 허락할 수 없습니다."

불평등과 평등은 언제나 공존한다

이번에는 '평등'에 관해 생각해 봅시다. 그런데 인간의 다양성을 생각하면 평등을 간단히 이해할 수는 없습니다. 사람은 저마다 다르기 때문에 어쩌면 '불평등'이 적절할 수도 있습니다. 이런 가운데 평등을 논하려면 '어떤 면에서의 평등인가?'라는 관점이 필요합니다. '어떤 면에서는 다르기 때문에 불평등할지 몰라도 이런 면에서는 평등하다'는 관점입니다.

이러한 '관점'을 무시하고 모든 면에서 평등을 추구하면 현실과 동떨어질 뿐만 아니라 바람직하지 않은 결과를 낳게 됩니다. 1998년에 노벨 경제학상을 수상한 아마르티아 센^{Amartya Sen}은 다음과 같이 이야기합니다.

> 평등이라는 개념은 두 가지 유형의 다양성과 직면하고 있다. 즉 (1) 인간은 원래 서로 다른 존재라는 사실 및 (2) 평등을 판단할 때 사용되는 변수는 여러 개 존재한다는 점이다. …… 평등은 어느 사람의 특정한 측면(예를 들면 소득, 부, 행복, 자유 기회, 권리, 욕구의 충족 등)을 다른 사람의 그것과 비교함으로써 평가된다.
>
> _아마르티아 센, 『불평등의 재검토^{Inequality Reexamined}』

예를 들면 '남녀평등'은 종종 오해받는 것처럼 '남녀의 차이'를 모두 없애겠다는 뜻이 아닙니다. 이런 식의 오해에 기초해 때때로 '남녀 화장실 구분을 없애자!'라든가 '임산부도 남자와 똑같이 늦게까지 야근을 해야 한다!'는 주장이 제기됩니다. 하지만 '어떤 관점에 기초한 평등인가'를 명확히 하면 이런 오해가 사라집니다.

여기서 필요한 것은 평등을 바라보는 관점입니다.

　예를 들어 '기회'라는 관점으로 평등을 생각해 봅시다. 말할 필요도 없이 평등한 기회를 갖더라도 능력 등에서는 차이가 나게 됩니다. 그러므로 기회는 평등하더라도 결과적으로 소득에서는 불평등이 생겨날 것입니다. '기회의 평등'이 '소득의 평등'을 가져오지는 않습니다. 모든 면에서 평등해지는 게 불가능하기 때문에 어떤 관점을 중시하느냐가 중요합니다.

　이렇게 생각해 보면 평등을 단순하게 이해하기는 힘들다는 사실을 알 수 있습니다. 평등은 결코 일률적으로 평준화하는 것이 아닙니다. 오히려 다양한 관점을 이해하고 이들을 냉정하게 비교하면서 무엇이 중요한가를 결정해야만 합니다. 무언가를 평등하게 하면 다른 무언가를 불평등하게 취급할 수밖에 없습니다.

　여기에는 '배제'가 전제되어 있다는 사실에 주의해야 합니다. 평등에 관해 특정한 관점을 중시한다는 건 거꾸로 말하면 특정한 관점을 배제한다는 뜻입니다. 중시하는 관점이 있는가 하면 무시하는 관점도 있습니다. 그러므로 어떤 관점을 무시하느냐에 따라, 즉 무엇을 배제했는가에 따라 어떤 평등인가가 명확해집니다.

역사적으로 자유 민주주의가 실현된 적이 있을까?

양립할 수 없는 권리, 자유와 평등

'자유'와 '평등'에는 이외에도 생각해 봐야 할 문제가 많은데 '자유 민주주의' 사회에 대해 이야기하면서 좀 더 깊이 살펴보도록 하겠습니다.

'자유 민주주의'라는 말은 곧잘 사용되지만 그 의미가 반드시 명확하지는 않습니다. 역사적으로 보면 자유 민주주의는 19세기에 자유를 원리로 삼는 '자유주의'와 평등을 원리로 삼은 '민주주의'가 결합하면서 출현했습니다. 하지만 자유주의와 민주주의는 그리 자연스럽게 결합할 수 있는 게 아닙니다.

이들이 원리로 삼는 자유와 평등을 생각해 보면 쉽게 알 수 있을 것입니다. 자유를 극단적으로 추구하면 불평등이 확대되고, 거꾸로 무리하게 평등을 추구하면 억압이 생겨납니다. 이렇게 보면 자유주의와 민주주의는 오히려 적대적이라고 할 수 있을 것입니다. 실제로 독일의 정치학자 칼 슈미트Carl Schmitt는 자유주의와 민주주의가 대립한다고 생각했습니다.

그러므로 자유 민주주의라는 말이 곧잘 사용됨에도 불구하고 이들을 결합하기란 어렵습니다. 또 자유주의와 민주주의는 하나만 논하기에도 벅찬 주제이기 때문에 우선 이들을 따로 생각해 보려고 합니다.

우선 '자유주의'부터 살펴보겠습니다. 자유주의에는 다양한 자유주의가 존재합니다. 그러므로 어떤 자유주의인가를 명확히 하지 않고 자유주의를 말하면 의미가 통하지 않습니다. 그러므로 여기서는 두 가지 자유주의를 다룰 텐데 이들은 크게 보아 현대 미국의 양 정당인 민주당과 공화당의 사상이기도 합니다. 그렇다면 이들 자유주의를 어떻게 이해해야 할까요?

자유주의의 기본적인 출발점은 각 개인이 다양한 삶의 방식을 갖고서 '좋다'고 생각하는 바를 각자의 방식대로 추구하는 것입니다. 사람들은 타고난 재능과 자질이 다르고 지위나 재산도 제각각입니다. 또 종교적인 신념과 도덕적인 견해도 다릅니다. 이런 다양성을 감안하면서 어떻게 정당한 사회를 형성하느냐가 과제입니다. 이때 초점은 사람들 사이에 생겨나는 격차를 어떻게 하느냐에 맞춰집니다. 바로 여기에서 자유주의가 분화됩니다.

한편으로 자유주의는 이런 격차를 시정하기 위해 각 개인의 자유에 제약을 걸려 합니다. '가장 불우한 사람들에게 최대의 이익이 되도록' 자유를 제한하는 것입니다. 그런 의미에서 이 자유주의는 '평등주의적 자유주의' 혹은 '복지국가적 자유주의'라고 할 수 있습니다. 이는 미국 민주당의 사상인데 정치론으로서는 존 롤스 John Rawls가 『정의론A Theory of Justice』을 통해 제시했습니다. 그런데 이 사상은 '자유주의Liberalism'라고 불리기는 하지만 무제한의 자유를 요구하는 게 아닙니다. '자유주의'라 하더라도 자유의 제한을 포함하고 있다는 측면에 주의해야 합니다.

모든 것이 자유롭지는 않은 '자유주의'

롤스의 자유주의는 다방면에서 많은 비판을 받았기 때문에 나중에는 주장을 조금씩 수정했습니다. 그렇지만 일관되게 자유주의라는 입장을 유지했고 한 번도 이를 버리지 않았습니다. 여기서 자유주의에 대해 좀 더 자세히 이해하기 위해 롤스가 만년에 집필한 대표적 저서 『만민법The Law of Peoples』을 살펴보겠습니다.

롤스는 이 책에서 다섯 가지 '국내 정치'를 제시하고 이들에게

'관용寬容적일 수 있는가'를 묻습니다. 그중에서 주목해 봐야 할 것이 세 가지 사회입니다. 첫 번째는 '도리를 분별하는 자유롭고 민주적인 사회의 민중', 두 번째는 '양식 있는 계층 사회의 민중', 세 번째는 '무법 국가'입니다. 롤스가 구체적으로 어느 나라를 상정하면서 이렇게 분류했는지는 명확하지 않습니다. 하지만 첫 번째인 '자유롭고 민주적인 사회'가 서양 사회임은 분명합니다. 그렇다면 나머지 두 사회는 어떻게 봐야 할까요?

재미있는 사실은 롤스가 '양식 있는 계층 사회의 민중'으로서 '카자니스탄'이라는 가공의 국가를 제시했다는 점입니다. 이렇게 이름을 지은 데는 뭔가 미묘한 이유가 있을 듯한데 이 국가의 특징을 살펴보겠습니다. 카자니스탄은 이상화된 이슬람교 국민 국가인데 이곳에는 '한 사람 앞에 한 표'라는 관념이 없고 각 개인이 평등하게 정치에 참여하지도 않습니다. 그럼에도 불구하고 롤스는 카자니스탄에게 관용적이어야 한다고 요구합니다. 왜냐하면 카자니스탄은 다른 나라 민중에게 침략적이지 않고, 만민법을 수용하고 준수하기 때문입니다.

이에 비해 롤스는 세 번째 '무법 국가'에게는 단호한 태도를 취해야 하며 관용적이지 않아도 괜찮다고 생각합니다. 그는 책의 다른 부분에서와는 달리 엄격한 말투로 이렇게 단언합니다.

우리는 자유로운 모든 나라와 양식 있는 모든 나라의 민중을 위해 만민법을 다듬어 왔다. 이에 따르면 이들 모든 나라의 민중은 무법 국가를 결코 관용적으로 받아 주지 않는다. 이처럼 무법 국가에 대한 관용을 거절하는 건 자유주의 혹은 양식의 당연한 결과이다.

_존 롤스,『만민법』

롤스에 따르면 무법 국가는 모든 인권을 침해하고, 호전적이어서 위험한 존재입니다. 이런 국가는 강제로라도 바꾸어야만 한다는 것입니다. 그러지 않으면 무법 국가가 힘과 폭력을 통해 국제 분위기에 심각한 영향을 미칠 것입니다. 주목해야 하는 것은 롤스가 이런 무법 국가를 종교 교리를 절대시하는 '근본주의(국가)'로 못 박고 있다는 사실입니다. 롤스는 이에 대해 2001년 '9·11 동시다발 테러'가 일어났을 때의 분위기를 연상시킬 만큼 강하게 비난하고 있습니다(다만 『만민법』은 1999년에 출판되었습니다).

하지만 무법 국가와 근본주의를 동일시할 수 있는가는 결코 명확하지 않습니다. 롤스 자신도 인정하듯이 유럽 국가들과 미국 또한 지금까지 전쟁에 열을 올렸기 때문입니다. 거꾸로 근본주의를 표방한다고 해서 침략 전쟁에 몰두하지도 않습니다. 확장주의를 선택하지 않는 근본주의도 가능하지 않을까요? 그럼에도 불구하고 롤스는 '무법 국가=근본주의'라고 보고 이에 대해 관용적이기를 거부합니다.

여기서 알 수 있는 것은 자유주의가 근본주의를 배제하고 불관용의 입장을 취함으로써 성립한다는 사실입니다. 자유주의는 모든 것에 대해 자유를 허용하지도 않고, 또 관용적인 태도를 취하지도 않습니다.

세상은 자유로울수록 불평등하다

이번에는 또 다른 자유주의를 살펴봅시다. 이는 공화당의 사상인데 앞에서 살펴본 자유주의와 구별하기 위해 '신자유주의Neoliberalism'라고 불립니다. 이 '신자유주의'는 미국의 레이건 전 대통령이 재임하던 시절부터 등장해 최근까지 절대적인 힘을 갖고 있었습니다. 경제학적으로는 프리드리히 하이에크Friedrich Hayek와 밀튼 프리드먼Milton Friedman의 학설에 기초해 자유로운 시장 경제를 옹호하고 정부의 개입을 가능한 한 최소화해야 한다고 보았습니다.

그런데 신자유주의라는 말은 엄밀히 규정되어 있지 않고 다양한 명칭으로 불리기 때문에 주의해야 합니다. 예를 들어 로버트 라이시Robert B. Reich의 『슈퍼자본주의Supercapitalism』에서는 이렇게 표현합니다.

그 이름은 '신자유주의' '신고전파 경제학' '신보수주의' 혹은 '워싱턴 합의' 등으로 다양하지만, 요컨대 이것들은 자유 무역과 규제 철폐, 민영화 그리고 정부보다는 시장에의 의존과 평등보다는 효율성에 더 관심을 갖는 입장이다. 이런 이념들은 대학의 학자들에게서 비롯되었(다).

_로버트 라이시,『슈퍼자본주의』[2]

이 부분을 보면 신자유주의 정책이 어떤 것인지 잘 알 수 있을 것입니다. 정부의 규제는 완화하고, 시장 원리에 따라 자유 경쟁을 장려합니다. 이 경쟁에 의해 격차가 생겨나도 그것은 '자기 책임'입니다. 정부의 개입을 가능한 한 최소화하므로 복지 정책도 없어지게 됩니다.

분명 경제적 관점에서 보면 자유주의보다 신자유주의가 훨씬 자유로워 보입니다. 하지만 그렇기에 오히려 평등이 배제됩니다. 그 결과 어떤 일이 일어났을까요? 라이시는 다음과 같이 말합니다.

민주주의는 자유롭고 공정한 선거 과정보다 더 많은 것을 의미한다. 내가 볼 때 민주주의는 시민들이 서로 힘을 합쳐 무언가를 달성하기 위한 시스템이다. 즉 그것은 공동의 이익을 얻을 수 있도록 게임의 룰을 정하는 것이다. …… 그러나 민주주의는 지금 그런 기본적인 기능조차 제대로 수행하지 못하고 있다.

_라이시, 『슈퍼자본주의』[3]

구체적으로 말하자면 사회적 격차가 커지고 이를 억제할 수 없게 되었습니다. 또 직업과 소득을 갑자기 잃어버릴 위험이 커지고 사회 안전망을 신뢰할 수 없게 되었습니다. 이리하여 민주주의가 효과적으로 대응하지 못하게 된 것입니다.

신자유주의는 시장 원리에 기초한 자유로운 경쟁을 강조하고 격차를 시정하려는 정부의 개입을 거부합니다. 그런 점에서는 극히 자유로운 사상이지만 그 결과가 반드시 좋지만은 않습니다. 약 십 년 전에 세계 금융 위기를 일으켰던 서브프라임 모기지론 사태(저소득층의 대출금 연체율이 급상승했던 사건—옮긴이 주)나 리먼 쇼크(투자 은행 리먼 브라더스가 파산한 사건—옮긴이 주)가 그러했듯이 말입니다. 그렇다면 라이시가 말하듯 신자유주의에 대항해 민주주의의 힘을 복권해야 하는 걸까요?

FREEDOM&EQUALITY

×

민주주의가 정말 필요할까?

사람들로부터 신뢰를 잃은 민주주의

'자유주의에 대항해 민주주의를 강화한다'. 신자유주의의 폭주를 보고 있으면 그래야만 할 것 같습니다. 하지만 이렇게 주장하는 라이시 본인의 책을 읽어도 민주주의가 어떤 것인지 명확히 알기는 힘듭니다. 그뿐만이 아닙니다. 과연 민주주의 자체에 그만한 힘이 있을까요? 어쩌면 민주주의 자체가 문제인 건 아닐까요?

사회학자 앤서니 기든스Anthony Giddens는 『질주하는 세계Runaway World』에서 '민주주의의 역설'을 지적하며 다음과 같이 이야기합니다.

민주주의가 세계에 걸쳐 확산되고 있지만, 세계의 다른 지역에서 모방하게 되어 있는 성숙한 민주주의에서 민주적 과정에 대한 광범한 환멸이 존재한다는 것이다. …… 성숙한 민주주의 국가의 시민이 민주 정치에 관한 환멸을 숨길 수 없게 되었음에도 민주주의가 세계의 다른 지역으로 확산되는 것은 어째서인가?

_앤서니 기든스, 『질주하는 세계』[4]

실제로 대부분의 선진국에서는 정치가에 대한 신뢰가 눈에 띄게 저하되고 있습니다. 선거 투표율도 현저하게 낮아지고 있고, 의회 정치에 무관심한 사람들이 특히 젊은 층을 중심으로 증가하고 있습니다. 많은 사람이 '정치는 타락한 비즈니스'라고 생각합니다.

그렇다면 민주주의가 '선(善)'이라고 전제하고 추구하기는 힘들 것 같습니다. 민주주의 자체가 문제를 내포하고 있는 건 아닐까요?

그럼에도 민주주의가 필요한 이유

여기서 자크 랑시에르Jacques Rancière가 '민주주의에 대한 증오'라고 부른 '민주주의에 대한 비난'을 살펴보겠습니다. 랑시에르는 현대 프랑스 사상가인데 프랑스에서도 '민주주의에 대한 증오'가 커지고 있다고 이야기합니다. 이 '민주주의에 대한 증오'란 어떤 현상일까요?

랑시에르에 따르면 일찍이 민주주의는 전체주의의 반대말로서 집단적 권력에 대해 인권과 개인의 자유를 옹호하는 것이었습니다. 그런데 현대 프랑스에서는 '도를 넘은 민주주의' 혹은 '민주주의의 과잉'에 대한 비난이 확대되고 있습니다. 각 개인의 '욕망과 요구가 증대'되고 '모든 제약'을 무시하려 한다는 것입니다. 인간은 모두 평등하다는 점을 들어 가정, 학교, 사회 등 어디서나 개인들이 과도한 요구를 하고 있다는 비난이 일고 있습니다.

이러한 '증오'는 일본에서도 일어나고 있습니다. 예를 들어 보수파에 속하는 사람들은 '전후 민주주의'에 대해 '평등에 대한 요구'가 과도하다고 비판합니다(일본은 2000년대 들어 보수적인 분위기가 눈에 띄게 드러나기 시작하면서 시민 사회에 대한 개입과 통제 및 국가 안보를 강화하려는 움직임이 거세지고 있다.—옮긴이 주). 일본인들이 예전에 갖고 있던 '애국심'이나 '부모 사랑' '교사에 대한 존경심' 등을 잊어버리고 인권을 앞세워 개인의 욕망만을 주장한다는 것입니다. 이렇게 비난하는 사람들에게 전후 민주주의와 이에 따른 교육은 개정되어야만 하는 '악'입니다. 그래서 최근 애국심과 국가주의를 강조하는 방향으로 교육기본법이 개정되었을 뿐만 아니라 교전권을 인정하지 않는 헌법도 개정해야 한다고 요구합니다.

그렇다면 과연 민주주의를 어떻게 봐야 하는 걸까요? 로버트 라이시 같은 사람은 자본주의적 자유의 과도함을 시정하기 위해 민주주의를 요구합니다. 하지만 여러 선진국에서는 민주주의에 대한 불신이 커지고 있을 뿐만 아니라 민주주의에 대한 증오마저 생겨나고 있습니다. 여기서 당연히 다음과 같은 질문이 나오게 될 것입니다. '민주주의를 옹호해야만 하는가?' '옹호해야만 한다면 그 이유는 무엇인가?'

랑시에르는 널리 퍼지고 있는 '민주주의에 대한 증오'에 대해 '민중의 권력'이라는 민주주의의 의미로 거슬러 올라가면서 민주주의를 적극적으로 긍정합니다. 그렇다면 랑시에르는 왜 민주주의를 옹호할까요? 랑시에르는 아리스토텔레스의 『정치학 Politika』을 인용해 그 이유를 다음과 같이 말합니다.

> 모든 동물 중에서 오직 인간만이 말을 갖고 있다. …… 하지만 말은 이로운 것과 해로운 것을 명시하고, 따라서 정당한 것과 부당한 것을 명시하기 위해 존재한다. 다른 동물들과 비교했을 때 이것이야말로 인간에게 고유한 점이다. 인간만이 선과 악, 정당함과 부당함의 감정을 소유하고 있다. 그리고 이러한 감정들의 공유가 바로 가족과 국가를 만든다.
>
> _자크 랑시에르, 『불화 La mésentente』

랑시에르에 따르면 모든 인간에게 말이 주어져 있는 한, 말을 하지 못하게 해서는 안 됩니다. 그것이 민주주의이기 때문입니다. 일부 사람들만이 정치에 관여하는 것이 아니라 모든 사람이 정치에 참여하는 것, 즉 민주주의가 필요합니다. 이때 랑시에르는 정치에서 배제된 말을 갖지 못한 사람들에게도 발언할 기회를 주고자 합니다. 하지만 배제된 사람들이 어떤 식으로 정치에 참여하느냐가 바로 문제가 아닐까요? 랑시에르는 이에 대해 충분한 답을 하고 있지 않습니다.

어떤 민주주의가 도래해야 할까?

민주주의에 관한 논의를 살펴보다 보면 공통점이 눈에 들어옵니다. 많은 사상가가 현 상태의 민주주의에 비판적인 견해를 갖고 있습니다. 또 대체로 민주주의라는 개념이 명확하지 않다는 사실도 지적됩니다. 그러므로 사상가들은 민주주의에 새로운 의미를 부여하려 합니다. 하지만 그 의미와 구체적인 방향이 막연해서 명확하게 이해하기 어렵습니다.

예를 들어 안토니오 네그리^{Antonio Negri}와 마이클 하트^{Michael Hardt}가 "2001년 9·11 테러와 2003년의 이라크 전쟁 사이"에 집필한 『다중^{Multitude}』을 살펴봅시다. 그들은 다음과 같은 상황 인식을 보여 줍니다.

오늘날 세계는 끝없이 계속될 것 같은 분쟁 상태로 뒤덮여 있으며 이 때문에 민주주의의 가능성이 가려지고 위협받고 있다. …… 민주주의는 분쟁 상태가 일상화되는 가운데 다양한 무기와 안보 체제 저 깊숙이 파묻힌 채로 완전히 회복 불능 상태에 빠진 것처럼 보인다. 하지만 민주주의가 지금만큼 절실한 시대도 없었다.

_안토니오 네그리·마이클 하트, 『다중』

이런 상황에서 네그리와 하트는 '다중' 개념을 바탕으로 민주주의에 적극적인 의미를 부여하려 합니다. 다중이란 다종다양한 사회적 생산에 참여하는 이들로서 이 사람들이 '내적으로는 서로 생각이 다르더라도 서로 소통하며 함께 행동하는' 것을 지향합니다. 네그리와 하트는 이를 '다중 민주주의'라고 부릅니다.

그러나 이러한 민주주의가 구체적으로 어떤 것인지는 잘 드러나 있지 않습니다. 이는 『다중』의 결말 부분이 "정치적인 사랑의 행동"이라는 말로 끝난다는 점으로 미루어 보아도 명백합니다. 하지만 민주주의에 필요한 것은 사랑이 아니라 명확한 개념과 근거가 아닐까요?

현대를 대표하는 사상가 자크 데리다^{Jacques Derrida}도 이 점에서는 마찬가지라고 할 수 있습니다. 그는 여러 저서에서 현 상태의 민주주의를 비판하고 '도래할 민주주의'를 말합니다. 데리다는 『마르크스의 유령들^{Spectres de Marx}」에서 '우리는 도래할 민주주의에 대해 늘 이야기하자고 제안한다'고 말하고 있습니다.

여기서 데리다가 말하는 '도래할 민주주의'란 현재 상태의 민주주의도 아니고 미래의 유토피아도 아닙니다. 데리다에게 민주주의란 한편으로는 '실현'해야 하는 것이지만 다른 한편으로는 '완전히 실현된' 적이 없습니다. 하지만 데리다가 여기서 어떤 민주주의를 생각하고 있는지 구체적으로 이해하기는 힘들어 보입니다.

그렇다면 네그리나 데리다에게서 민주주의에 관한 답을 찾기란 어렵지 않을까요? 오히려 민주주의를 어떻게 생각해야 하는가는 현대를 살아가는 우리의 문제입니다. 자유 민주주의 사회에서 살아간다고 해서 민주주의가 자명한 것은 아닙니다. 이 사회에서 우리는 자유롭고 평등하다고 말할 수 있을까요?

오늘날 우리는 자발적으로 감시받고 있는 것이 아닐까?

자유와 평등 | **감시 사회** | 로봇 | 뇌 과학

정체성 | 의사소통 | 복제 | 환경

×

감시 사회라고 하면 어딘지 기분 나쁘고 무서운 정치 체제를 떠올리게 됩니다. 하지만 오늘날의 디지털 기술에 의한 감시는 그러한 공포심을 불러일으키지 않습니다. 오히려 편리한 도구처럼 보이지 않습니까?

×

지금은 현대판 『1984』?

우리가 생각하는 '감시 사회'의 모습

'감시 사회'라는 말을 들으면 어떤 이미지가 떠오릅니까? 전화를 도청하거나, 미행을 하거나, 누군가의 생활이나 말과 행동을 전부 파악해 국가에 대한 반역이나 사회 일탈을 막는, 그런 사회를 떠올릴지도 모르겠습니다. 실제로 제2차 세계 대전 이전의 전체주의 국가나 한 세대 전쯤의 공산주의 국가에서는 비밀경찰을 두고 국민의 사상과 행동을 엄격하게 통제했습니다(지금도 통제가 완전히 사라진 것은 아닙니다). 위험인물이라고 생각되면 투옥하거나 고문하기도 했습니다.

영국 작가 조지 오웰George Orwell이 1948년에 쓴 『1984』라는 소설은 이런 이미지에 정확히 들어맞는다고 생각합니다. 오웰은 이 작품을 쓰던 1948년의 48을 뒤집어 근미래 사회를 그리려 했으나 이제는 1984년도 과거가 되고 말았습니다. 이 작품에서 묘사된 세계는 대체로 전형적인 감시 사회로 간주됩니다. 이 작품에서 오웰이 그리려 했던 세계를 잠시 살펴보겠습니다.

『1984』의 세계는 세 강대국으로 분할되어 영원한 전쟁 상태에 놓여 있습니다. 주인공인 윈스턴 스미스는 일당 ※ 독재 국가인 오세아니아의 공무원입니다. 오세아니아에는 상·중·하 세 계급이 있고 그 정점에 '빅 브러더'라 불리는 지도자가 군림합니다. 이 나라는 개인의 자유를 인정하지 않고 연애와 일기조차 금지됩니다.

오웰은 이 소설에서 국민을 감시하는 도구로 '텔레스크린'이라는 흥미로운 장치를 등장시킵니다. 이는 송수신이 동시에 되는, 이른바 쌍방향 텔레비전입니다. 이 텔레스크린은 사람들이 활동하는 모든 곳에 걸려 있습니다. 오웰은 텔레스크린에 관해 이렇게 묘사합니다.

텔레스크린은 수신과 송신을 동시에 하고 있었다. 이 기계는 귀에 대고 속삭이는 지극히 낮은 소리를 제외하고는 윈스턴이 내는 모든 소리를 다 포착할 수 있다. 그뿐 아니라 이 금속판의 감시 범위 안에 들어 있는 한 일거수일투족이 다 보이고 들린다. 물론 언제,

어느 순간에 감시를 당하고 있는지 알 수 없다. 사상경찰이 각 개인을 얼마나 자주, 또 얼마나 조직적으로 감시하는지는 오로지 추측만 할 뿐이었다. 심지어 사람들은 하루 24시간 내내 감시당한다고 생각할 수 있다. 어쨌든 그들은 원할 때 언제든지 감시할 수 있는 것이다. 사람들은 입 밖에 내는 모든 소리가 포착되고, 캄캄할 때를 제외하고는 동작 하나하나까지도 철저히 감시당하고 있다는 가정하에 살아야 했(다).

_조지 오웰,『1984』[5]

윈스턴은 이러한 상황에서 국가에 반역을 기도하지만 결국 실패해 체포되고 고문받습니다. 매우 생생히 묘사된 고문 장면은 지금 읽어도 등이 서늘해집니다.

근대 사회의 본질적인 구조, 패놉티콘

감시 사회의 모델이 된 또 한 가지는 18세기 영국의 사상가 제러미 벤담Jeremy Bentham이 고안하고 미셸 푸코Michel Foucault에 의해 유명해진 '패놉티콘'이 아닐까요? 이는 '전부pan-' '들여다본다-opticon'는 의미로서 '일망一望 감시 시설'이라는 번역어가 있기는 하지만 대체로 패놉티콘이라는 외래어를 그대로 사용합니다. 이 패놉티콘은 원래 감옥의 건축 양식으로 고안되었지만 푸코에 의해 근대 사회의 모델로까지 확장되었습니다. 근대 사회는 '패놉티콘 사회'라는 뜻입니다. 그렇다면 패놉티콘은 어떤 건물일까요? 또 패놉티콘은 감시와 어떤 연관이 있을까요?

'패놉티콘'이란 중앙에 감시탑이 있고 그 주위에 원형으로 건물을 배치한 건축 양식입니다. 각각의 독방은 부채꼴 모양으로 펼쳐져 있고 창은 전부 탑 쪽으로 나 있습니다. 그래서 중앙 감시탑에서는 독방이 건너다보이지만 독방에서는 감시탑 내부를 볼 수 없는 것이 특징입니다. 그러므로 죄수는 끊임없이 감시당한다고 생각하고 '감시의 시선을 내면화'합니다.

이렇게 감시하면 간수를 최소화할 수 있습니다. 극단적으로 말하면 간수가 없어도 질서가 유지되도록 설계되었습니다. 여기서 중요한 것은 '감시받는다'는 의식이며, 이런 의식에 따라 지배에 복종하는 순종적인 '주체'가 형성됩니다. 푸코는 '주체[sujet]'라는 말에 양의성을 담아 자발적인 '주체'가 아니라 복종하는 '신민臣民' 또한 뜻한다고 이야기합니다. 행동하는 '주체'는 동시에 질서에 복종하는 '신민'이기도 하다는 뜻입니다. 이러한 '주체=신민'을 만들어낸 것이 감시라는 장치입니다.

여기서 패놉티콘형 감시 사회의 특징을 살펴보겠습니다. 첫째, 감시받는 사람이 끊임없이 시선에 노출되고 눈에 띄는 반면, 감시하는 사람은 보이지 않습니다. 둘째, 감시받는 사람은 다수이고 감시하는 사람은 소수입니다. 즉 소수의 보이지 않는 사람이 다수의 보이는 사람들을 구석구석 감시합니다. 감시하는 사람과 감시받는 사람 사이에는 압도적인 비대칭성이 존재합니다.

푸코의 『감시와 처벌Surveiller et Punir』에 따르면 이렇게 감옥을 모델로 삼은 패놉티콘이 근대 사회의 본질적 구조입니다. 가정, 학교, 공장, 군대 등 사람들은 어디서건 끊임없이 감시받습니다. 따라서 근대 사회란 끊임없이 시선에 노출되고 감시받는 사회라고도 할 수 있습니다.

오늘날의 감시는 자유를 제한하지 않는다

그런데 근대 사회의 패놉티콘과 전체주의 국가의 빅 브러더는 이미 옛날이야기가 아닐까요? 분명 현존하는 독재 국가(예를 들면 북한)에서는 지금도 과도한 감시가 사라지지 않고 있습니다. 하지만 대개의 민주주의 사회에서는 전체주의를 받아들이지 않으며 패놉티콘 같은 중앙 감시탑도 없어졌습니다.

1945년 8월, 태평양 전쟁에서 패배하기 전까지는 일본에서도 전체주의적인 감시 체제가 형성되어 있었지만 패전하면서 해체되었습니다. 지금은 개인의 자유가 원칙이므로 특수 고등 경찰이 사상범을 미행하지도 않습니다. 헌법에 따르면 사상과 행동을 국가가 강제해서는 안 됩니다. 그럼에도 자유롭고 민주적인(이어야 할) 서양 사회나 일본에서 감시 사회라는 말이 계속 나오고 있습니다. 왜 그럴까요?

분명 감시 카메라(CCTV)가 많다는 사실은 놀랄 만한 일입니다. 아파트에는 대체로 현관이나 엘리베이터에 감시 카메라가 설치되어 있습니다. 또 편의점이나 백화점에서 물건을 살 때 감시 카메라가 있음을 알게 됩니다. 게다가 거리를 걷거나 플랫폼에서 지하철을 기다릴 때도 감시 카메라가 사람들의 행동을 추적합니다. 이런 점에서 현대를 감시 사회로 보는 사람도 적지 않을 것입니다. 슬로베니아의 철학자 슬라보예 지젝Slavoj Žižek은 이에 관해 다음과 같이 이야기합니다.

지금은 거의 잊힌 조지 오웰의 '빅 브러더'라는 개념이 생활의 디지털화를 만들어 낸 위협에 의해 최근 되살아나고 있다. …… 실제로 일상생활의 디지털화는 '빅 브러더적인 통제'를 가능하게 하며 이에 비하면 예전의 '공산주의' 비밀경찰에 의한 감시는 어린아이 장난처럼 보인다.

_슬라보예 지젝, 『전체주의가 어쨌다구?Did Somebody Say Totalitarianism?』

과연 지젝이 말하는 '빅 브러더적인 통제'는 실현되고 있을까요? 분명 거리 이곳저곳에 설치된 감시 카메라는 『1984』의 텔레스크린을 연상시킬지도 모릅니다. 또 '국민 감시'라는 측면에서 2002년부터 일본에서 시작된 주민 기본 대장 네트워크 시스템을 비판하는 사람도 있습니다. 국민에게 열한 자리 번호를 부여해서 주소, 이름, 성별, 생년월일 등의 정보를 각 행정 구역의 주민 기본 대장에 등록하는데 이 정보를 전국적인 네트워크로 연결해 국가가 즉시 개인 정보를 파악할 수 있습니다. 그래서 '국가가 전 국민에게 번호를 붙이고 이를 통째로 장악하는 행위'라며 비판하는 것입니다.

하지만 오웰이 그린 세계는 아무래도 현대 사회와는 다른 것 같습니다. 『1984』에서는 '빅 브러더'가 중심이 된 일당 독재 국가가 각 개인을 일일이 감시해 자유를 엄격히 제한했습니다. 하지만 요즘은 감시 카메라가 설치되었어도 자유를 제한한다고 생각되지는 않습니다. 오늘날의 자유로운 사회는 오웰이 그린 세계와는 다릅니다. 그렇다면 왜 감시 사회가 문제가 되는 걸까요?

감시는 정말 나쁠까?

생활의 디지털화와 '슈퍼 패놉티콘'

여기서 오늘날의 감시가 컴퓨터로 대표되는 디지털 정보 기술에 기초한다는 사실에 주목해 봅시다. 스마트폰이나 신용 카드 등 우리 일상생활은 거의 디지털화되어 있습니다. 교통 카드를 사용해 지하철을 타고 스마트폰으로 음악을 들으면서 친구에게 문자 메시지를 보냅니다. 이런 풍경은 일상화되어 새삼 언급할 필요도 없을 것입니다. 하지만 이 모든 것은 '일상생활의 디지털화'에 불과합니다.

그런데 이런 디지털화가 어떻게 감시와 연관이 되는 걸까요? 미국의 사회학자 마크 포스터Mark Poster는 디지털 기술의 발전을 푸코의 패놉티콘과 연관지어 이해하면서 '슈퍼 패놉티콘'이라고 부릅니다. 조금 길지만 이에 대한 기본 개념을 인용해 보겠습니다.

> 오늘날의 '커뮤니케이션 유통'과 이것이 만들어 내는 데이터베이스는 일종의 '슈퍼 패놉티콘'을 구축하고 있다. 이는 벽, 창, 탑, 간수가 없는 감시 시스템이다. …… 사람들은 사회 보장 카드, 운전면허증, 신용 카드, 도서관 카드 등을 이용하고 늘 가지고 다니며 사용해야만 한다. 이들의 사용 내역이 기록되고 데이터베이스에 코드화되어 저장된다. …… 모든 개인은 정보의 원천인 동시에 정보의 기록자인 것이다. 홈 네트워킹은 이 현상이 최적화된 정점을 만들어 낸다.
>
> _마크 포스터, 『뉴미디어의 철학The mode of information』

이해하기 쉽게 인터넷 서점 아마존에서 책을 살 때를 예로 들어 보겠습니다. 아마존을 이용해 본 사람은 알겠지만 책을 검색하거나 구입하면 그 사실이 자동적으로 기록됩니다. 그 이후 아마존에 접속하면 그 정보를 바탕으로 내가 흥미를 가질 법한 책이 사이트에 뜹니다. 그 추천 도서들을 보고 '아, 이런 책이 있었구나!'라면서 새로 책을 주문하는 경우도 많을 것입니다. 이런 경우는 고객의 정보를 고스란히 수집할 뿐만 아니라 행동까지 통제되는 것처럼 보입니다.

또 신용 카드로 물건을 살 때도 소비자의 행동이 정확히 파악됩니다. 누가, 언제, 어디서, 무엇을, 얼마나 샀는가. 이 정보는 상점에도, 금융 기관에도 기록됩니다. 상점에서는 그 사람의 소비 성향에 맞춰 새로운 상품을 추천하는 전단지를 보내기도 할 것입니다. 대금 결제가 연체되었다면 금융 기관의 '요주의 고객 명단'에 등록되어 신용 등급이 하락할 수도 있습니다. 나아가 그 금융사뿐만 아니라 거의 모든 금융 기관을 이용하지 못하게 될 수도 있습니다.

이러한 상황을 과연 감시라고 부를 수 있는지 의견이 나뉠 것입니다. 아마존에서 책을 살 때도, 백화점에서 쇼핑을 할 때도 고객은 '감시당하고 있다'는 의식이 거의 없기 때문입니다. 누군가가 그늘에 숨어 미행하지는 않습니다. 하지만 그 사람의 행동이 전부 파악되고 있기 때문에 어설픈 감시보다 낫습니다. 생활이 디지털화됨으로써 감시의 형태가 변화하고 있다고 봐도 될 것입니다.

감시가 가져다주는 편리함

감시 사회라고 하면 어딘지 기분 나쁘고 무서운 정치 체제를 떠올리게 됩니다. 하지만 오늘날의 디지털 기술에 의한 감시는 그러한 공포심을 불러일으키지 않습니다. 오히려 편리한 도구처럼 보이지 않습니까?

예를 들어 IC칩이 내장된 교통 카드를 이용해 이동할 때를 생각해 봅시다. 교통 카드를 사용하면 버스나 지하철뿐만 아니라 택시도 탈 수 있습니다. 교통 카드가 보편화되기 전까지는 늘 현금을 준비하거나 내가 가야 하는 지하철역까지 요금이 얼마인지 살펴보고 표를 사야만 했습니다. 주머니에서 동전을 꺼내다 차를 놓칠 때도 꽤 있었습니다. 하지만 교통 카드에 돈을 충전해 두면 이런 일을 겪을 필요가 없습니다. 또 어떤 교통 카드는 지갑을 대신합니다. 편의점에서 물건을 살 수도 있고 거스름돈을 충전할 수도 있기 때문에 지갑이 무거워지지도 않습니다.

자동차에 설치하는 내비게이션은 어떨까요? 처음 가보는 곳을 찾을 때나 길을 잘 모를 때 내비게이션은 매우 편리합니다. 일단 주소를 설정해 두면 자동차의 움직임에 따라 가야 할 길을 일러 줍니다. 길을 잘못 들었어도 거기에서 다시 길을 찾아 주기도 합니다. 지도를 봐서는 쉽게 알 수 없는 장소도 내비게이션을 이용하면 어렵지 않게 찾아갈 수 있습니다.

또한 편리함이라는 측면에서는 스마트폰을 빼놓을 수 없습니다. 요즘은 약속 장소에 나갈 때 스마트폰이 없으면 불안합니다. 약속 시간에 사람이 나오지 않으면 전화를 걸면 됩니다. 만약 스마트폰이 없다면 상대방에게 연락할 수 없어 시간 조정을 하지 못할 것입니다. 또 노인이나 어린아이가 위치 추적 기능이 딸린 스마트폰을 사용하면 지금 어디에 있는지 알 수 있습니다. 이외에도 스마트폰에는 여러 가지 편리한 기능이 있습니다. 인터넷으로 버스가 도착하는 시간을 알아보거나 맛집을 검색해 예약할 수도 있습니다.

이렇게 쓰고 보니 교통 카드와 내비게이션, 스마트폰의 편리함을 예찬하는 것만 같습니다. 오늘날 이들이 생활하는 데 매우 편리한 도구가 되었다는 사실은 분명합니다. 하지만 문제는 이들 모두 감시하는 장치가 된다는 사실입니다.

예를 들어 교통 카드를 찍으면 누가, 언제, 어디를 갔는가가 기록됩니다. 신용 카드로 물건을 살 때도 기록이 남습니다. 또 내비게이션을 이용하면 목적지에 닿을 때마다 차가 어디에 있는지 끊임없이 추적됩니다. 마치 동물에게 발신기를 부착해 이동을 추적하는 것처럼 자동차도 추적됩니다. 위치 추적 기능이 딸린 스마트폰 또한 마찬가지입니다. 편리한 도구가 감시 수단이 될 수 있는 것입니다.

최근 대학생들의 출석 관리를 위해 위치 추적 기능이 딸린 스마트폰을 배포한다는 뉴스가 화제가 됐습니다. 이런 뉴스는 편리함과 관리라는 양면성을 잘 드러내는 예가 아닐까요?

안전을 위해 자발적으로 감시받는 현대인

감시를 긍정적으로 평가하는 또 한 가지 이유는 '안전성' 때문입니다. 최근에는 '시큐리티security'라는 말이 종종 사용됩니다. 사람들의 시큐리티를 지키기 위해 감시가 필요하다는 것입니다. 특히 어린아이나 노인, 여성 등 약자에게는 안전 확보가 무엇보다 중요하다고 생각됩니다.

예를 들자면 현관이나 엘리베이터에 감시 카메라가 있는 아파트와 없는 아파트 중 어느 쪽을 구입하려 할까요? 아마 안전을 보장하는 감시 카메라가 설치된 아파트가 선택될 것입니다. 누구나 출입할 수 있고 감시 설비도 없는 아파트는 위험하기 짝이 없다고 생각할 수도 있기 때문입니다. '아파트는 관리 때문에 구입하는 것'이라고 종종 말하는데 안전은 그 가운데서도 중요한 요소입니다.

또 부모가 어린아이에게 스마트폰을 쥐여 주는 이유도 이와 같을 것입니다. 예를 들자면 등·하교를 할 때나 늦은 밤 학원에서 귀가할 때 부모는 불안함을 느낍니다. 늘 오던 시간에 아이가 돌아오지 않으면 더 걱정하게 됩니다. 어린아이는 종종 타던 버스나 지하철을 놓칩니다. 때로는 버스에서 졸 수도 있고 내려야 할 정류장을 지나칠 수도 있습니다. 그럴 때 스마트폰이 있다면 부모는 안심할 수 있습니다.

상황이 이렇다 보니 학교나 학원에서는 어린아이에게 IC 태그를 달아 주고 등·하교 시간을 확인해 부모의 스마트폰으로 알려주는 서비스를 시작했습니다. 이렇게 하면 아이가 학교나 학원에 제대로 도착했는가는 물론이고 언제 도착했고 언제 집으로 돌아가는지 실시간으로 파악할 수 있습니다. 이 서비스가 부모에게 큰 호응을 얻으면서 이를 채용하는 학교나 학원이 늘고 있습니다. 안전 확보를 위해 아이에게 IC 태그를 다는 것입니다.

물론 감시 카메라를 설치한다거나 스마트폰을 갖고 있다고 해서 범죄가 사라지지는 않습니다. 감시 카메라가 있어도 살인이 벌어지고 스마트폰을 쉬여 주어도 유괴 사건이 발생합니다. 또 IC 태그로 확인할 수 있는 것은 기껏해야 등·하교 시간일 뿐입니다. 등·하교 시간을 확인했다 해서 사건에 말려들 가능성이 사라지는 않습니다. 그런데도 왜 사람들은 감시 장치를 적극적으로 받아들이는 걸까요?

오늘날은 유동적인 시대이기 때문에 불안정하고 불확실성이 크다고 사람들은 생각합니다. '집 밖으로 한 걸음만 나가면 무슨 일이 일어날지 알 수 없다. 범죄나 사건에 휘말릴 가능성이 도처에 있다. 거리의 낯선 사람들이 해를 끼칠지도 모른다'. 이것은 어디까지나 가능성이고 또한 주관적인 느낌에 지나지 않습니다. 하지만 가능성이 있기 때문에 오히려 불안이 커진다고 할 수 있습니다. 이런 가능성으로서의 위험을 일반적으로 '리스크risk'라고 합니다. 현대인은 일어날지 어떨지 알 수 없는 리스크를 느끼고 불안을 키우는 것입니다.

감시 장치는 그야말로 이러한 '리스크'에 대처하기 위한 것이라 할 수 있습니다. '언제 어떤 일이 일어날지 알 수 없다. 그렇기 때문에 끊임없이 감시 카메라로 확인하고 스마트폰으로 연락한다. 아무 일이 없었음을 확인하기 위해 IC 태그의 정보를 부모에게 전달하는 거다'라고 생각할 수도 있습니다. 그렇다면 대체 감시의 어떤 면이 문제가 되는 걸까요?

현대인에게 감시는 꼭 필요한 게 아닐까?

언제나, 어느 곳에서나 존재했던 '감시'

여기서 다시금 감시 사회의 의미를 생각해 봅시다. 이 말이 널리 주목받게 된 것은 푸코의 『감시와 처벌』이 나온 이후입니다. 이 책에서 주목해야 할 점은 푸코가 묘사한 감시가 근대 사회의 특징을 나타낸다는 사실입니다. 바꾸어 말하자면 푸코는 근대 사회를 감시 사회로 이해했습니다. 예를 들자면 그는 고대 사회와 비교하는 의미에서 근대 사회를 다음과 같이 정의합니다.

고대는 구경거리의 문명이었다. '다수의 인간으로 하여금 소수의 대상을 관찰할 수 있게 한다.' 바로 이러한 문제와 일치한 형태가 성당, 극장, 원형 경기장의 건축이었다. …… 근대는 정반대의 문제를 제기한다. 즉 '극소수가, 혹은 단 한 사람이 대다수 집단의 모습을 순식간에 볼 수 있게 한다'.

_미셸 푸코, 『감시와 처벌』[6]

　푸코는 고대 사회를 '다수의 인간이 소수의 대상을 관찰하는' 구경거리의 문명으로 간주합니다. 이에 비해 근대 사회는 '소수, 나아가 단 한 사람이 다수의 사람을 보는' 감시의 문명입니다. 여기서는 '고대=구경거리' '근대=감시'라는 도식이 지배하고 있습니다. 그러나 이 도식은 노르웨이의 사회학자 토마스 마티센Thomas Mathiesen이 비판하듯이 매우 중요한 부분을 빠뜨리고 있습니다. 왜냐하면 '국민 감시'란 개념은 근대에 들어 처음 생겨난 것이 아니기 때문입니다.

　잘 알려졌듯이 근대 이전의 그리스도교 교회 제도는 주민 감시 장치이기도 했습니다. 또 일본에서도 에도江戸시대(1603~1867－옮긴이 주)의 '고닌구미五人組(다섯 가구를 하나로 묶어 공동 책임을 지게 하는 농민 통제 수단－옮긴이 주)'나 '데라우케寺請 제도(모든 국민을 절에 소속시키고 주거를 옮기거나 여행을 할 때면 절에서 발행하는 증서를 지참하도록 한 제도－옮긴이 주)' 등은 철저히 주민을 감시하는 제도였습니다. 나아가 7~8세기까지 거슬러 올라가도 '호적'을 만들어 매해 바치는 공물을 엄격히 부과했다는 사실이 일본에서 가장 오래된 시집인 『만요슈萬葉集』에 나옵니다. 일반적으로 정치적 지배가 가능해지려면 국민 감시가 반드시 필요하다고 해도 좋을 것입니다. 감시 없는 정치는 존재하지 않습니다.

그렇다면 근대 사회에 들어와 감시 사회가 시작되었다는 생각은 틀린 게 아닐까요? 오히려 감시는 어떤 시대에도 존재했다는 의미에서 감시 사회는 모든 역사를 관통합니다. 그러므로 푸코의 논의에서 '근대 사회＝감시'라는 도식을 읽어 내는 건 어쩌면 오독일지도 모릅니다. 그렇다면 감시 사회를 어떻게 이해해야 좋을까요?

과감하게 말해 보자면 감시는 근대 사회의 특징이 될 수 없습니다. 감시는 모든 사회에 존재하며 역사를 관통하는 시스템이기 때문입니다. 그보다는 어떤 감시가 이루어지는가, 즉 근대의 감시 양식을 살펴봐야만 합니다. 고대에는 고대의 감시 양식이 있고 근대에는 근대의 감시 양식이 있습니다. 푸코가 밝히려 했던 것은 감시의 근대적 양식이며, 근대를 감시 사회로 규정하려 했던 것이 아니었습니다.

우리 모두 감시의 대상

위에서 말한 사실에 주의해야 하는 까닭은 일반적으로 감시 사회라고 하면 즉시 부정적인 이미지가 떠오르고 공포 정치 체제라고 이해되기 때문입니다. 하지만 감시 사회냐 아니냐는 문제가 되지 않으며 '어떤 감시 사회인가'가 문제입니다. 감시 그 자체를 배제하는 건 아무 의미가 없습니다. 그렇다면 현대적인 감시 양식은 어떤 걸까요?

감시 카메라를 생각해 봅시다. 근대의 패놉티콘과 비교해 보면 잘 알 수 있는데, 감시 카메라가 감시하는 대상은 '익명의 군중'입니다. 푸코가 분석했던 근대적인 감옥에서는 모든 죄수의 신상을 파악하고 있습니다. 하지만 감시 카메라에 찍히는 사람은 어디 사는 누구인지 알 수 없습니다. 편의점이나 백화점, 상가 등에 설치된 카메라는 늘 낯선 사람을 비추고 있습니다.

그렇다면 누구인지 알 수 없는 사람들이 왜 감시받는 걸까요? 그 이유는 기본적인 규칙을 깨고 질서를 어지럽히는 사람이 없는지 감시하기 위해서입니다. 편의점에서는 누가 물건을 사는 척하고 훔치지 않는지, 백화점에서는 도난 사고가 없는지, 상점가에서는 싸움이나 살인 등이 일어나지 않는지 감시합니다. 그러므로 평범한 생활을 하는 한 감시가 문제될 일은 거의 없다고들 합니다. 감시받고 싶지 않은 사람은 범죄자이거나 위험인물이라는 것입니다.

여기서 우리는 현대의 감시가 추구하는 바는 범죄자나 위험인물을 걸러 내고 배제하려는 것이라는 사실을 알 수 있습니다. 아파트의 감시 카메라를 떠올려 보면 쉽게 이해가 갈 것입니다. 평범하게 생활하는 주민에게 감시 카메라는 수상한 사람으로부터 나를 지켜 주는 장치입니다.

근대의 패놉티콘은 범죄자가 감시를 받음으로써 법률과 질서를 지키도록 훈련됩니다. 그렇기에 푸코는 감시의 작용을 '규율·훈련의 권력'이라고 부릅니다. 하지만 현대 사회에서는 감시를 통해 규율이나 훈련을 실현할 수 없습니다. 상점가의 감시 카메라는 사람들에게 규율을 부여하고 질서를 지키게 하려고 작동하는 것이 아닙니다. 오히려 규칙을 지키지 않는 사람을 찾아내고 배제해 규칙을 지키는 사람의 안전을 확보하기 위해 설치되었습니다.

근대의 패놉티콘과 달리 오늘날에는 자유로운 행동이 허용됩니다. 하지만 이는 근본적인 규칙에 따를 때의 이야기입니다. 감시가 작동하는 건 이런 대전제에 반하는 위험인물을 찾아내기 위해서입니다. 어떤 의미에서는 자유롭게 행동하기 위해서 감시가 필요하다고도 할 수 있습니다. 이런 점에서 현대가 감시 사회라는 사실을 부정하기는 매우 힘들 것입니다.

우리는 감시 체제에서 벗어날 수 있을까?

또한 현대의 감시에는 '다수가 소수를 보는 구경거리'의 측면이 있다는 사실에 주의해야 합니다. 푸코는 고대의 구경거리와 근대의 감시를 비교해 묘사했지만 오늘날에는 구경거리도 감시의 한 형태입니다. 19세기 이후 대중매체가 발달하면서 다수가 소수를 보는 사회가 형성되었기 때문입니다.

예를 들어 나치 독일의 히틀러가 값싼 라디오를 전국적으로 보급했다는 사실은 잘 알려져 있습니다. 이 라디오 방송을 통해 국민들이 히틀러의 연설을 듣고 나치에 크게 공감하기 시작했습니다. 라디오는 나치의 선전 수단으로서 사람들의 마음을 관리하는 데 큰 역할을 했습니다. 다수(국민)가 소수(히틀러)를 봄(들음)으로써 소수에 의해 관리되었던 것입니다.

당시 미국에서도 이와 흡사한 상황이 진행되었습니다. 그런데 여기서 다수가 봤던 것은 영화나 음악 등의 '대중문화'였습니다. 독일의 사상가인 호르크하이머Max Horkheimer와 아도르노Theodor Wiesengrund Adorno는 『계몽의 변증법Dialektik der Aufklärung』이라는 책에서 이를 '문화 산업'이라고 불렀습니다. 산업이 제품을 획일적으로 만들어 내듯이 문화가 획일적인 인간을 만들어 냅니다. 즉 대중문화는 대중 조작의 도구로 이용되었습니다. 호르크하이머와 아도르노는 다음과 같이 말합니다.

> 문화 산업은 하자 없는 규격품을 만들듯이 인간을 재생산하려 든
> 다. 프로듀서로부터 여성 단체에 이르기까지 모든 문화 산업의 대
> 리인은 이러한 정신의 단순한 재생산 과정에 어떠한 뉘앙스나 사
> 족이 끼어드는 것에 신경을 곤두세운다.
>
> _호르크하이머·아도르노, 『계몽의 변증법』[7]

즉 다수가 소수를 봄으로써 소수에 의해 다수가 관리됩니다. 독일 국민이 히틀러를 봄으로써 나치에 지배되었듯이 미국의 대중은 영화나 라디오, 잡지 등을 통해 획일화되어 갔습니다.

하지만 나치 독일과 『계몽의 변증법』은 제2차 세계 대전 전후에 등장했기 때문에 오늘날의 세계에 그대로 적용할 수는 없습니다. 당시에는 카리스마적인 지도자를 내세워 통제할 수 있었지만 지금은 그럴 수 없습니다. 오늘날에는 카리스마적인 지도자도 거의 존재하지 않고, 인터넷이 보급되면서 '대중 매체'의 지위도 흔들리고 있습니다.

그렇지만 다수가 소수를 보는 상황이 사라진 것은 아닙니다. 현재 중심적인 매체는 텔레비전인데, 이 텔레비전을 통해 정치와 경제에서부터 패션이나 생활 등에 이르기까지 정보가 홍수처럼 쏟

아지고 있습니다. 그러므로 정보를 얻는 특별한 수단을 확보하지 않은 이상 대부분의 사람이 방송이 말하는 대로 생각하고 그 영향 아래에 있게 됩니다.

분명 절대적인 지도자를 내세우는 정치나 획일적인 문화 산업의 시대는 끝났습니다. 하지만 다수가 소수를 봄으로써 '소수에 의해 다수가 관리되는' 상황은 지금도 계속되고 있습니다. 하지만 그렇다고 해서 그 누구도 이런 생활을 그만둘 생각은 없는 듯합니다.

로봇과
인간을
구분할 수 없는
미래가 온다면
?

자유와 평등 | 감시 사회 | **로봇** | 뇌 과학

정체성 | 의사소통 | 복제 | 환경

×

앞으로 도래할 사회에는 인간뿐만 아니라
사이보그도 존재하고 나아가 휴머노이드
도 활동할 것입니다. 그때 우리는 과연 스
스로를 인간이라고 확신할 수 있을까요?
인간은 휴머노이드에 스스로를 비추어 보
면서 과학 소설가 아이작 아시모프의 말을
되뇌지 않을까요? "나는 로봇인가?"

인간을 만들 수 있게 된다면?

인간을 생산하는 오늘

'인간을 생산한다'는 말을 들으면 어떤 생각이 듭니까? "인간은 물건이 아니다!"라면서 화를 낼지도 모르겠습니다. '아이를 만든다'는 말은 가끔 비유적으로 사용하기도 합니다. 하지만 이 말을 문자 그대로 생각하지는 않을 것입니다. '인간은 물건과 달라 제조하거나 생산할 수 없다.' 이 사실은 명백해 보입니다.

그렇다면 '시험관 아기'는 어떨까요? 시험관 아기는 1970년대에 처음 성공한 이후 지금까지 많은 사람이 이 방법으로 '아이를 만드는 데' 성공했습니다. 실험실에서 물질을 합성해 만들듯이 샬레 안에서 정자와 난자를 수정시켜 '아이를 생산한' 것입니다. 재료가 되는 정자와 난자는 살아 있는 인간에게서 채취하지만 만드는 과정은 물질 합성과 다를 바 없습니다. 하지만 현재로서는 수정란을 여성의 자궁에 이식하기 때문에 태어나는 방식은 그대로입니다.

그런데 영국의 작가 올더스 헉슬리Aldous Huxley가 1930년대에 쓴 소설 『멋진 신세계Brave New World』에서는 체외 수정을 한 다음 '유리병'에서 배양합니다. 거의 90여 년 전에 나온 소설이지만 헉슬리의 상상력은 지금 봐도 예언적입니다. 이 소설에서 아이는 국가의 계획에 따라 인공적으로 만들어집니다. 그리고 현실은 헉슬리의 상상력을 쫓아가는 식으로 변하고 있습니다.

그렇다면 언젠가 인간이 물건처럼 제조될 뿐만 아니라, 물건처럼 배양되거나 매매되지 않을까요? 예를 들어 미국에서는 인공수정의 재료인 정자와 난자를 인터넷에서 주문할 수 있습니다. 마치 아마존에서 책을 주문하듯이 인터넷에서 상품(정자·난자)의 품질을 확인하고 예산과 취향에 맞춰 사고팝니다. 제공자의 아이큐가 높고 외모가 뛰어나면 당연히 가격이 올라갑니다. 인터넷 경매에 나온 슈퍼 모델의 난자가 고가에 낙찰된 사례도 있었습니다.

또 인공 자궁 대신 '대리모'를 통해 아이를 낳을 수도 있습니다. 대리모가 등장하기 전까지는 아이를 낳는 여성과 그 아이가 유전적으로 이어져 있었습니다. 하지만 대리모는 그저 아이를 낳아 주는 사람이므로 유전적인 어머니는 따로 있습니다. 그래서 대리모 출산을 두고 '배를 빌린다'고 표현하기도 합니다.

이렇게 보면 인간과 물건은 차이가 없는 것처럼 느껴집니다. 지금까지는 인간(인격)과 사물(물건)은 당연히 구분된다고 간주했습니다. 인간을 물건처럼 취급하면 '인간의 존엄을 해친다'고 강한 비판을 받았습니다. 하지만 이제 인간은 물건처럼 만들어지고, 양도되고, 판매됩니다. 이 사실은 무엇을 의미할까요?

복제 인간, 어떻게 봐야 할까?

1990년대 말에 등장한 인간 복제 기술은 '인간 만들기'를 한 걸음 더 진전시켰습니다. 여기서 복제 인간을 생각해 봅시다. 현재 복제 인간 만들기는 전 세계적으로 금지되어 있습니다. 그런데 복제 인간을 만드는 게 그렇게 나쁜 일일까요?

예를 들어 비혼으로 살아가는 한 여성이 아이를 갖고 싶어졌다고 해봅시다. 현재까지는 남성의 정자를 제공받아 인공 수정을 하면 자기 아이를 낳을 수 있습니다. 그런데 그 아이는 유전적으로 제공자인 남성과 이어져 있습니다. 만약 이 여성이 그런 연결을 거부하면서도 아이를 낳고 싶다면 어떻게 해야 할까요?

이런 경우는 체세포 복제 기술을 사용하면 가능합니다. 그 과정을 간단히 이야기하겠습니다. 우선 이 여성에게서 난자를 채취합니다. 그 난자의 핵을 제거하고 여성의 체세포에서 채취한 핵을 이식하면 복제 수정란이 만들어집니다. 그런 다음 복제 수정란을 그 여성의 자궁에 이식하고 일반적인 임신 기간을 보냅니다. 그리고 아기(이 여성의 복제 인간)가 태어나기만 하면 됩니다. 기술적으로 어렵긴 하지만 기본 원리는 간단합니다.

이는 본인의 난자와 체세포로 복제 인간을 만드는 방식입니다. 물론 다른 사람의 난자를 제공받을 수도 있고 대리모를 통해 낳을 수도 있습니다. 자기 체세포만 있으면 유전적으로 이어진 아이를 얻을 수 있는 것입니다. 또 어려서 죽은 아이의 복제 인간을 만들 수도 있습니다.

인간 복제는 허용되지 않지만 외국에서는 죽은 반려동물의 복제가 사업화되기 시작했습니다. 사랑하던 반려동물이 죽으면 체세포를 가지고 복제하는 것입니다. 복제 동물을 괴물처럼 생각하는 사람도 있지만 실제로 보면 그런 오해가 사라질 것입니다. 일본에서도 맛있는 소고기를 제공하려고 복제 소를 만들기 시작했습니다. 복제 소의 맛은 일반 소고기와 똑같습니다. 아니, 좋은 소를 복제했기 때문에 오히려 맛이 더 좋지 않을까요?

반려견과 식용 소를 같이 논하기는 어렵지만, 이들이 탄생하는 원리만 놓고 보면 복제 인간이 나와도 이상하지 않습니다. 또 방법이 다르다고 해서 체외 수정과 복제를 구별할 필요도 없는 것 같습니다. 하물며 복제 인간을 차별할 근거 또한 없습니다.

유전자 조작을 통해 엿본 미래

최근에는 인간 만들기가 한층 더 진전되고 있습니다. 실제로 실현하느냐는 다른 문제이지만 적어도 논의의 차원에서는 새로운 단계에 진입했습니다. 바로 '인간 개조'라는 단계입니다. 이를 구체적으로 실감해 보기 위해 빌 매키번Bill McKibben이라는 저널리스트가 쓴 『인간의 종언Enough』을 인용해 보겠습니다.

유전자 조작을 시도하는 연구자가 작업을 개시하는 대상은 대체로 수정 후 일주일 정도 된 초기 배아이다. 배아를 하나하나의 세포(할구)로 나누고 그중 하나를 골라, 그 유전자의 일부에 추가, 제거, 혹은 수정 등을 가한다. 또 미리 디자인한 유전자를 포함한 인공 염색체를 삽입하는 경우도 있다. 이를 핵을 제거한 난자 안에 넣고, 완성된 새로운 배아를 여성의 체내에 이식한다. 만약 모든 과정이 계획대로 진행되면 유전자 조작으로 탄생하는 아이가 된다. …… 있을 수 없는 이야기 같은가? 이 실험이 처음으로 동물(실험용 쥐)에게 실시된 해가 1978년이고 그 이후 단 한 종을 제외한 거의 모든 포

유류에 실시되었다. 우리를 억누르고 있는 것은 종잇장처럼 얄팍
한 윤리 지침이며, 일부 과학자와 정치가가 이를 뒤집어 엎으려 하
고 있다.

_빌 매키번, 『인간의 종언』

이렇게 유전자를 조작해 일반적이지 않은 동물이 태어나고 있
습니다. 예를 들어 지능과 신체적 능력이 몇 배나 뛰어난 실험용
쥐가 만들어졌다는 사실은 잘 알려져 있습니다. 현재 이처럼 유
전자를 조작해 능력을 향상시킬 수 있습니다. 그렇다면 이 기술을
이용해 인간의 능력을 향상시키면 안 되는 걸까요?

이 유전적 향상enhancement을 대하는 태도는 기본적으로 두 가지로
볼 수 있습니다. 첫 번째는 이러한 유전적 향상을 적극적으로 찬
성하고 보다 진전시키려는 방향입니다. 옥스퍼드 대학의 닉 보스
트롬Nick Bostrom과 미국의 생물학자 그레고리 스톡Gregory Stock 등은 '트
랜스휴머니즘(초인본주의)'을 제창하고 인간 개조에 가담했습니다.
보스트롬은 다음과 같이 말합니다.

트랜스휴머니즘의 생각에 따르면 현재 인간 본성은 응용과학 및
다른 합리적 방법으로 개량할 수 있다. 그럼으로써 인간이 건강한
기간을 연장하고, 지적·신체적 능력을 확장하고, 우리의 마음 상태

나 기분을 더욱 잘 통제할 수 있다.

_닉 보스트롬,

「포스트휴먼의 존엄성을 옹호한다In Defence of Posthuman Dignity」

한편으로는 유전적 향상에 공포를 느끼고 금지하거나 억제하고
자 하는 사상가들도 있습니다. 정치학자 프랜시스 후쿠야마Francis
Fukuyama는 트랜스휴머니즘을 '오늘날 가장 위험한 사상'이라고 부르
며 강하게 비판합니다. 정치 철학자 마이클 샌델Michael Sandel도 유전
적 향상의 논리를 문제 삼고 부모가 '아이를 디자인하는 데' 제동
을 걸려 합니다. 또 독일을 대표하는 사상가 위르겐 하버마스Jürgen
Habermas도 유전적 향상에 대해 '부모가 아이를 도구화한다'며 반대
하고 있습니다.

하지만 어떤 식으로 반대하든 인간을 향상한다는 흐름은 변하
지 않을 듯합니다. 왜냐하면 유전자를 조작하는 향상뿐만 아니라
사이보그화하는 향상도 있기 때문입니다. 이 사이보그란 무엇을
의미할까요?

인간을 향상시킬 수 있게 된다면?

인간의 신체와 기계를 결합한 사이보그의 등장

'사이보그cyborg'란 원래 1960년에 등장한 개념으로 '사이버네틱 오거니즘cybernetic organism'을 줄인 말입니다. 구체적으로 말하자면 인간의 신체 각 부분을 인공 기기로 교체해 생물과 기계 장치의 결합체를 만듭니다. 어렵게 들리지만 넓은 의미에서 인공 심장 박동기, 인공 관절, 의수·의족 등을 장착한 사람도 '사이보그'라고 부르기도 합니다. 그러나 엄밀히 말하자면 이런 사람들은 사이보그라고 하지 않습니다. 사이보그에는 '생명체를 자동 제어한다'는 의미가 담겨 있기 때문입니다.

사이보그는 최근까지도 과학 소설이나, 영화, 애니메이션의 세계에서나 볼 수 있었습니다. 이들 작품은 인간에게 다양한 장치를 장착해 인간 이상의 능력을 발휘하는 '초인적인 사이보그'를 묘사합니다. 이런 점에서 사이보그는 일종의 향상으로 간주되었습니다. 그러므로 유전적 향상에 대비해 '사이보그적 향상'이라고 부르도록 하겠습니다. 문제는 이 사이보그적 향상이 예전처럼 픽션의 세계에만 등장하는 것이 아니라 현실에도 등장하기 시작했다는 점입니다.

예를 들어 작업 중에 감전되어 두 팔을 잃은 사람이 있다고 합시다. 이런 사람들을 위해 '로봇 팔'을 개발해 흉부 신경에 접속합니다. 그러면 뇌의 신호를 흉부 근처에서 받아들여 생각만으로도 자유롭게 손과 팔을 움직일 수 있습니다. 지금까지 의수는 단순 장착만 가능해서 손과 팔을 완벽하게 대신할 수 없었습니다. 그러나 인간의 신경과 기계를 연결하면 생각만으로도 기계 손과 팔을 움직일 수 있습니다.

또 '인공 눈'도 개발되었습니다. 2002년 미국의 CNN 뉴스는 시각 장애인인데도 '통나무를 자르고, 피아노를 연주하고, 머스탱 컨버터블(포드에서 출시한 스포츠카―옮긴이 주)을 운전하는' 사람을 소개했습니다. 그 사람은 어떻게 이런 일들을 할 수 있었을까요? 라메즈 남Ramez Naam은 『인간의 미래More Than Human』에서 다음과 같이 설명합니다.

그는 두뇌의 시각 영역에 전극을 이식하고 이를 컴퓨터에 연결하는 방법을 썼다. 환자는 카메라가 부착된 안경을 쓴다. 카메라가 잡은 비주얼 신호가 컴퓨터로 보내지면 컴퓨터가 이를 해석해 전기적 자극으로 변환한다. 그런 다음 이식된 전극을 통해 뇌의 뉴런으로 자극이 전달되는 식이다.

_라메즈 남, 『인간의 미래』[8]

이 방법으로는 현재 시력을 완벽하게 회복할 수는 없고 유지·보수도 만족할 만한 수준이 아닙니다. 그럼에도 인공 눈을 달면 운전이 가능할 정도이니 큰 잠재력이 있다고 할 수 있습니다.

사이보그화된 난치병 환자들

과학 소설이나 애니메이션에 나오는 사이보그와 달리 실제로 개발된 사이보그는 난치병 치료를 가능하게 했습니다. 예를 들면 뇌졸중이나 루게릭 병(운동 신경 세포가 점차 죽어 가면서 온몸의 골격근이 서서히 마비되는 병—옮긴이 주), 경추 손상 등으로 목 아래가 마비된 사람들은 세계를 볼 수는 있어도 자신의 의사를 표현하지는 못합니다.

이런 환자 가운데 한 사람이었던 조니 레이의 뇌에 '무선 전극'

을 묻어 뇌 내의 신호를 파악하고 이를 컴퓨터로 전송했습니다. 이 시술이 시행된 것은 1998년이었는데 그때 무슨 일이 있었던 걸까요? 눈앞의 컴퓨터 모니터에는 키보드가 표시되어 있습니다. 이 상황을 라메즈 남은 다음과 같이 이야기합니다.

> 화면의 커서는 레이의 사고에 연동돼 있어, 그는 생각하는 것만으로 스크린상의 키보드로 문자를 칠 수 있다. …… 레이는 자기 왼손을 움직인다고 생각했다. 만일 커서를 위로 움직이고 싶으면 왼손을 위로, 아래로 움직이고 싶으면 왼손을 아래로 내리는 식이다. 레이가 왼손을 움직인다고 생각하면 뇌에 이식된 전극이 부근에 있는 몇몇 뉴런이 내보내는 신호를 잡아채 레이 옆의 컴퓨터로 송신하고, 이 신호가 커서를 움직인다. 발상 자체가 놀라운 일이다. 인간이 생각하는 것만으로도 컴퓨터가 그에 반응하도록 만든 것이다. 가히 과학 소설 감이다.
>
> _남,『인간의 미래』[9]

이 부분은 난치병 치료를 위해 시도되는 '사이보그화'를 보여 줍니다. 기술적으로 위험성이 없다면 딱히 반대할 이유는 없어 보입니다. 그러나 이 기술은 치료에만 한정된 것이 아닙니다. 이러한 치료의 연장선상에 있지만 이와는 확연히 구별되는 '향상'이 시작됐습니다. 이를 지금 가장 적극적으로 연구하고 있는 곳이 DARPA, 즉 '미 국방부 방위고등연구계획국'입니다.

> 군인의 뇌 처리 능력을 높이는 데 관심을 가진 방위고등연구계획국은 생각만으로 커서를 움직이도록 원숭이를 훈련시키는 기업 가운데 한 곳 …… 에 보조금을 지급했다. 이 회사는 브레인게이트라는 시스템을 사용해 원숭이를 훈련시켰는데 앞으로는 컴퓨터 램 등의 메모리에 인간이 직접 접속할 수 있게 될지도 모른다. 시가전처럼 정보의 밀도가 높은 환경에서 활동하는 데 안성맞춤이다.
>
> _조너선 모레노^{Jonathan D. Moreno}, 『조작되는 뇌^{Mind Wars}』

환자뿐만 아니라 군인도 사이보그가 되는 것입니다. 물론 아주 평범한 사람들도 신체 능력이나 지적 능력을 향상하기 위해 사이보그가 되어도 이상하지 않습니다.

낡은 남성 지상주의 정치를 타파할 수 있는 사이보그

이런 구체적인 사이보그 기술과는 별도로 사이보그의 의의를 일찍 깨달았던 사람이 도나 해러웨이^{Donna Haraway}입니다. 해러웨이가 1985년에 발표한 「사이보그 선언문^{A Cyborg Manifesto}」은 선구적인 논문이라고 할 수 있습니다. 사이보그 기술이 거의 현실화되지 않았던 시기에 해러웨이는 사이보그에 주목했습니다. 그런데 생물학을 전공한 페미니즘 이론가가 어째서 사이보그 선언을 했을까요?

우선 해러웨이가 사이보그라는 말에서 무엇을 생각했는가를 확인해 봅시다. 해러웨이는 사이보그의 '기계와 생체의 복합체(하이브리드)'라는 측면을 중시했습니다. '이종혼합체'를 상징하는 말로 사이보그를 선택했던 것입니다. 따라서 해러웨이는 '인간과 기계'의 연결뿐만 아니라 '인간과 동물의 경계' 또한 넘어섭니다. 한마디로 말해 '인간-동물-기계'의 경계선이 사라져 가는 것입니다.

그러므로 이런 사이보그를 '몬스터'라든가 '키메라'라고 부를 수도 있을 것입니다. '키메라'란 그리스 신화에 등장하는 괴물로 '머리는 사자, 몸통은 염소, 꼬리는 뱀'인 이종혼합체입니다. 지금까지는 이런 '몬스터'를 혐오스러워할 뿐 적극적으로 가치를 인정하지 않았습니다. 그런데 해러웨이는 이 '몬스터'를 '사이보그'라고 하고 자기 이론의 거점으로 삼았습니다. 그 까닭은 무엇일까요?

사이보그가 표현하는 '이종혼합성'이 페미니즘을 진전시키는 데 중요한 전략이 되기 때문입니다. 해러웨이에 따르면 '서구의 과학과 정치라는 전통'은 이항 대립이 지배해 왔습니다. 남성이냐 여성이냐, 인간이냐 동물이냐, 생물이냐 기계냐, 문화냐 자연이냐 등등 이런 이항 대립의 도식을 바탕으로 남성 지배가 이루어져 왔다는 것입니다. 여기서 이런 이항 대립을 폐기하기 위해 '사이보그' 개념이 제창되었습니다.

> 나의 사이보그 신화는 침범당한 경계, 강력한 융합, 그리고 위험을 내포한 가능성과 관련된 것이며, 이들은 진보적인 사람들이라면 정치로서 필수적인 작업의 일환으로 탐구해 볼 필요가 있는 사항이다.
>
> _도나 해러웨이, 「사이보그 선언문」

말하자면 오늘날 해방 전략의 요체가 되는 것이 사이보그입니다. 낡은 남성 지상주의 정치를 타파하기 위해 우리는 사이보그가 되어야 한다는 뜻입니다.

로봇과 인간이 똑같아진다면?

휴머노이드가 현실에서도 존재하게 되면?

도나 해러웨이의 「사이보그 선언문」을 보면 잘 알 수 있듯이 오늘날 '인간과 기계의 경계'는 점점 희미해지고 있습니다. 지금까지는 인간이 기계에 가까워지는 경우를 살펴봤는데 이번에는 '기계가 인간화'하는 경우를 생각해 보려 합니다. 기계의 인간화란 구체적으로 무엇을 의미할까요?

인간이 기계를 장착하는 경우가 사이보그라면 거꾸로 기계가 인간에 가까워지는 경우를 '로봇'이라고 할 수 있을 것입니다. 물론 로봇이라고 해도 자동차 등을 조립하는 산업용 로봇부터 무기로 사용되는 군사용 로봇, 수술실에서 작업하는 의료용 로봇까지 다양한 종류가 있으므로 이들을 뭉뚱그려 로봇이라고 하기는 어렵습니다. 하지만 여기서는 인간형 로봇, 일반적으로 '휴머노이드'라 불리는 종류를 생각해 보려 합니다. 실제로 이런 로봇은 지금 한창 연구되고 있습니다.

하지만 아직까지 인간과 로봇 사이에는 따라잡기 힘든 큰 차이가 있습니다. 마이크로소프트사의 빌 게이츠Bill Gates와 클린턴Bill Clinton 전 미국 대통령도 절찬한 『21세기 호모 사피엔스The Age of Spiritual Machines』의 저자 레이 커즈와일Ray Kurzweil은 다음과 같이 말하고 있습니다. 단 여기서 말하고 있는 것은 인공 지능입니다.

21세기 초에 인간과 필적하고 결국은 인간을 능가할 새로운 형태의 지능이 지구상에 나타난 것은 인간 역사의 어떤 사건보다도 중요한 사건이다. 애초에 (자연이) 지능을 창조한 사건보다도 덜 중요하지 않다.

_레이 커즈와일, 『21세기 호모 사피엔스』[10]

이러한 미래 예측을 어디까지 신뢰할 수 있는가와는 별도로 로봇 공학이 비약적으로 발전할 가능성도 있을 것입니다. 지금까지 '안드로이드(인조인간)'는 과학 소설에나 나오는 이야기라고 생각했습니다. 하지만 커즈와일의 예측을 진지하게 받아들인다면 머지않아 지구상에는 생물인 '인간'과 기계를 장착한 '사이보그'뿐만 아니라 기계로 만들어진 '안드로이드'가 공존하게 될지도 모릅니다. 그러면 어떤 일이 일어날까요? 이에 관해 생각해 보기 위해 필립 K. 딕^{Philip K. Dick}의 소설 『안드로이드는 전기양의 꿈을 꾸는가?^{Do Androids Dream of Electric Sheep?}』를 살펴보겠습니다. 이 소설은 리들리 스콧^{Ridley Scott} 감독의 영화 「블레이드 러너^{Blade Runner}」의 원작이기도 합니다.

로봇과 인간을 구분하는 기준

소설의 배경은 오랜 전쟁 때문에 방사능으로 오염되어 폐허가 되다시피 한 지구입니다. 환경이 오염되어 다른 행성으로 이주한 사람도 많습니다. 그리고 이런 식민 계획을 위한 가혹한 노동이 안드로이드에게 떠넘겨집니다. 또 지구에서는 많은 생물이 멸종되어 희귀해졌기 때문에 살아 있는 동물을 소유하는 게 부와 지위를 상징합니다. 이런 상황에 화성에서 식민 노예로 쓰이던 안드로이드가 지구로 도망칩니다. 인공 전기양밖에 기를 수 없는 처지의 주인공 릭 데커드는 진짜 양을 살 수 있는 현상금을 벌기 위해 '안드로이드 폐기 처분'을 맡습니다.

이 소설에서는 안드로이드를 판별하기 위해 '보이트-캄프 테스트^{V-K test}'라는 검사를 실시하는데 이것이 무척 흥미롭습니다. 안드로이드는 겉으로 보아서는 인간과 구별할 수 없을 뿐만 아니라 '지성' '감정' '기억'까지 갖추고 있기 때문입니다. 타인에게 공감할 수 있는가가 안드로이드와 인간을 구별하는 유일한 기준입니다.

이는 로봇과 인간의 관계를 생각할 때 매우 본질적인 문제라고 할 수 있습니다. 로봇과 인간의 차이는 과연 무엇인가? 어떤 시험을 통과하면 로봇과 인간을 같다고 볼 수 있는가? 이러한 질문을 명확한 형태로 제기한 것이 영국의 수학자 앨런 튜링Alan Turing의 '튜링 테스트'입니다. 딕의 보이트—캄프 테스트는 분명 튜링 테스트에서 영감을 얻었을 것입니다. 하지만 테스트 내용은 과학 소설에 걸맞게 변형했습니다.

그렇다면 '튜링 테스트'란 어떤 시험일까요? 튜링은 1950년에 발표한 「계산 기계와 지능Computing Machinery and Intelligence」이라는 논문에서 다음과 같은 상황을 가정합니다. '테스트를 하는 인간이 다른 인간 및 기계와 일대일로 평범한 대화를 나눈다. 단 인간과 기계는 서로 다른 장소에 있기 때문에 대화는 키보드와 모니터로만 할 수 있다. 이렇게 대화를 나눈 다음 테스트를 한 인간이 인간과 기계를 구별할 수 없다면 이 기계는 테스트를 통과한 것이다.' 이 테스트에 관해 저명한 로봇 연구자 한스 모라벡Hans Moravec은 튜링을 인용해 다음과 같이 이야기합니다.

그(튜링)는 조금이라도 애매함을 줄이려고 '인간 및 특수한 프로그램을 탑재한 디지털 컴퓨터와 키보드 및 모니터를 통해 일정 시간 자유롭게 대화를 나누고, 양쪽을 구별할 수 없으면 컴퓨터가 사고한다고 간주한다'는 테스트 방법을 제안했다. 튜링은 2000년까지 10억 바이트의 메모리를 가진 컴퓨터가 출현해 5분 정도는 기계라는 사실을 눈치채지 못하고 이야기를 나눌 수 있을 거라고 예측했다. …… 수십 년 뒤에는 처리 능력이 1000배 이상 커져 아마 완벽하게 시험을 통과하는 컴퓨터가 만들어질 것이다.

_한스 모라벡, 『로봇Robot』

그렇다면 튜링 테스트를 완벽히 통과하는 로봇도 분명 머지않아 탄생할 것입니다. 단 튜링 테스트에 합격했다고 해서 '인간으로 간주할 수 있는가'는 다른 문제입니다. 거꾸로 저를 포함해 이 테스트에 불합격할 것 같은 인간도 적지 않을 거라고 생각합니다.

나는 정말 인간이 맞을까?

이와 관련해 『안드로이드는 전기양의 꿈을 꾸는가?』에서 당연히 인간인 줄 알았던 주인공 릭 데커드가 어느새 자신 역시 안드로이드가 아닌가 의심하기 시작하는 점은 매우 흥미롭습니다. 릭은 보이트-캄프 테스트를 자신에게도 실시합니다. 그는 다른 사람에게 다음과 같이 부탁합니다.

> "바늘이 어떻게 움직이는지를 당신이 보고 이야기해 주면 좋겠어요. 눈금이 어디 있는지만 말해 줘요. 제가 계산할 수 있으니까." 그는 접착식 원반을 자기 뺨에 대고 누르고, 광선을 조절해 자신의 한쪽 눈을 똑바로 겨냥했다.
>
> _필립 K. 딕, 『안드로이드는 전기양의 꿈을 꾸는가?』[11]

그런데 이 검사를 통해 생각지도 못했던 사실이 명백해집니다. 그는 안드로이드에게 강한 감정 이입 반응을 보입니다. 그 이유는 그가 여자 안드로이드를 사랑하기(?) 때문이지만 한편으로는 근본적인 문제가 드러납니다. 자신이 안드로이드가 아닌가 의심하는 동시에 안드로이드를 인간으로 바라보게 되었기 때문입니다. '자기' 인식과 '타자' 인식은 이렇게 연결됩니다.

사람은 일정한 타인과의 관계 속에서 태어납니다. 그러므로 이 타인과의 관계를 무시하고 자기 자신을 이해할 수는 없습니다. 일찍이 카를 마르크스Karl Heinrich Marx는 『자본Das Kapital』에서 이렇게 이야기했습니다.

인간은 거울을 가지고 세상에 나오는 것도 아니고 "나는 나다"라고 하는 피히테Fichte류의 철학자로 세상에 나오는 것도 아니기 때문에 인간은 일단 타인이라는 거울을 통해서 자신을 비춰 본다. 갑이라는 인간은 을이라는 인간을 자신과 동일한 것으로 설정함으로써 비로소 인간으로서의 자기 자신과 관계를 맺는다. 그러나 그럼으로써 갑에게는 을 전체가, 즉 머리카락과 살갗으로 이루어진 을의 육체적인 모습 그대로가 인간이라는 종족의 현상 형태로 간주된다.

_카를 마르크스,『자본 1-1』[12]

그렇지만 앞으로 도래할 사회에는 인간뿐만 아니라 사이보그도 존재하고 나아가 휴머노이드도 활동할 것입니다. 그때 우리는 과연 스스로를 인간이라고 확신할 수 있을까요? 인간은 휴머노이드에 스스로를 비추어 보면서 과학 소설가 아이작 아시모프Isaac Asimov의 말을 되뇌지 않을까요? "나는 로봇인가?"

나의
마음을
확실하게
아는 방법은

?

자유와 평등 | 감시 사회 | 로봇 | **뇌 과학**

정체성 | 의사소통 | 복제 | 환경

×

지금까지는 마음의 의지에서 뇌의 변화가 일어날 것이라고 예상했습니다. 하지만 실험을 통해 그와는 반대로 뇌의 변화로부터 마음의 의지가 생겨난다는 것이 명백해졌습니다. 자유롭고 자발적인 행위라 하더라도 뇌의 변화가 먼저 일어나는 것입니다.

×

다른 사람의 마음을
정확히 알 수 있을까?

볼 수도, 느낄 수도 없는 마음

누군가에게 배신당하면 "너한테도 마음이란 게 있기는 하냐?"라고 소리칠 때가 있습니다. 그런데 상대방은 반성하기는커녕 적반하장으로 이렇게 되받습니다. "그러는 너는 마음을 본 적 있어?" 아이들 싸움처럼 유치해 보이지만 이 질문들은 그리 만만히 볼 수 있는 게 아닙니다. 과연 '마음'에 대해 어떻게 생각해야 좋을까요?

우선 "너에게 마음이 있느냐?"라는 말을 들으면 "당연히 있지!"라고 대답할 것입니다. 그런데 "그렇다면 너의 마음은 어디에 있느냐?"라는 반문에는 어떻게 대답해야 할까요? 가슴께를 손으로 가리키면 될까요? 아니면 머리를 가리키며 "이 안에 있어!"라고 대답하면 될까요? 아마 그렇게 대답하면서도 좀 불안할 것입니다. 왜냐하면 가슴에 있는 것은 심장이고 머리에는 뇌가 있을 뿐이기 때문입니다. 심장도 뇌도 마음이라고 할 수는 없습니다.

또 "마음을 본 적이 있는가?"라는 질문을 받으면 아마 잠시 침묵할 것입니다. 다른 사람의 마음을 "본 적이 있다"고 대답할 수는 없으니까요. 우리가 볼 수 있는 건 어디까지나 사람의 몸과 행동뿐입니다. 마음은 이러한 외부적인 관찰로는 알 수 없습니다. 분명 내 마음은 실감할 수 있습니다. 주변에는 내가 느끼고 인식할 수 있는 풍경이 펼쳐져 있고, 희로애락도 느낍니다. 그럼에도 이 내 마음을 타인이 보지는 못합니다.

여기서 영국의 철학자 길버트 라일^{Gilbert Ryle}이 『마음의 개념^{The Concept of Mind}』에서 이야기한 내용을 살펴보겠습니다. 라일에 따르면 '마음이 어디에 있는가'라든가 '마음을 본다'라는 표현은 '범주 오류(논리적으로 같은 범주에 속하지 않는 말을 같은 범주에 놓고 생각하는 오류를 지칭하는 개념으로 라일이 처음 사용했다.─옮긴이 주)'에 속합니다. 마음이란 어딘가에 존재하거나 볼 수 있는 것이 아니기 때문입니다. 그러므로 볼 수 없다고 해서 타인의 마음을 부정할 이유는 없습니다.

그렇다면 마음을 이해하려면 어떻게 해야 할까요? 내 마음은 내부적인 관찰을 통해 알 수 있는 것처럼 여겨집니다. 여기서는 우선 타인의 마음에 대해 생각해 봅시다.

마음을 알 수 있기는 할까?

타인의 마음을 알려면 어떻게 해야 할까요? 여기서는 미국의 철학자 토머스 네이글Thomas Nagel의 『이 모든 것은 무엇을 의미하는가?What Does It All Mean?』에서 사용한 예를 빌려 봅시다. 나와 친구가 같은 아이스크림을 먹고 있습니다. 나는 아이스크림이 달콤하고 맛있어서 친구도 그렇게 생각하리라 믿고 "이거 달콤해서 맛있다!"라고 말합니다. 그러자 친구도 "응, 달콤해서 맛있어!"라고 말하면 거기서 대화는 끝납니다. 그런데 문제는 친구가 맞장구를 쳤다고 해서 과연 두 사람이 같은 경험을 했는가입니다.

일상생활에서는 이런 경우가 새삼 문제가 되지 않습니다. 딱히 의심할 이유도 없고 금방 다른 이야기를 나눌 것입니다. 그런데 잠깐 멈춰 생각해 보면 이상한 사실을 깨닫게 됩니다. 내가 아이스크림을 먹고 느낀 '달콤함'과 '맛있음'은 친구가 아이스크림을 먹고 느낀 '달콤함' '맛있음'과 똑같을까요? 이를 확인해 보려고 서로 아이스크림을 바꿔 먹습니다. 그때 같은 맛이 났다고 해서 두 사람이 뭔가를 느끼는 방식은 똑같다고 할 수 있을까요?

다들 그렇다고 생각할 것입니다. 하지만 두 사람이 같은 아이스크림을 먹고 똑같이 '달콤하고 맛있다'라고 표현하더라도 두 사람의 경험이 같다고 할 수는 없습니다. 내 느낌은 바로 내가 경험한 것이니 잘 알고 있습니다. 그렇지만 친구의 경험은 친구의 말과 행동을 통해서만 알 수 있습니다. 똑같이 말하고 행동했다 해서 두 사람이 같은 경험을 했다고 결론내릴 수는 없습니다.

나는 친구의 말과 행동을 관찰하고 내 경험에 이를 대응시킵니다. 하지만 이는 말할 필요도 없이 친구의 경험이 아닙니다. 이는 일반적으로 '유추설'이라고 하는데, 다른 사람의 마음은 어디까지나 추측의 영역을 벗어나지 못합니다. 예를 들어 친구가 지나가는 자동차를 보고 "선명한 빨간색이야!"라고 말한다면 나도 동의할 것입니다. 하지만 '선명한 빨간색'이라는 말에서 내가 떠올리는 것과 친구가 떠올리는 것이 같은가는 알 수 없습니다. 극단적으로 이야기하면 두 사람이 상반된 이미지를 떠올릴 수도 있습니다. 하지만 이때 두 사람이 말을 공통된 방식으로 사용한다면 아무런 문제가 없습니다.

실제로 우리에게는 다른 방법이 없는 듯합니다. 우리는 타인의 마음을 행동과 말을 통해 이해합니다. 타인의 마음을 직접 관찰할 수는 없습니다. 그렇기에 거짓말을 할 수도 있고 타인에게 속기도 합니다.

어느 누구도 다른 이의 마음을 알 수 없다

여기서 한 걸음 더 나아가기 위해 「박쥐가 된다는 것은 어떤 느낌일까?What Is it Like to Be a Bat?」라는 기묘한 제목의 논문을 살펴봅시다. 이 논문이 앞 절의 이야기와 어떤 연관이 있는가를 설명하기 전에 왜 박쥐를 선택했는지 생각해 보겠습니다.

네이글이 박쥐를 이야기하는 까닭은 박쥐가 '체험'을 한다는 사실을 의심하지 않기 때문입니다. 하지만 박쥐의 활동 영역과 감각 기관은 '우리의 그것과 상당한 차이가' 있습니다. 박쥐는 '반향정위'로 외부 세계를 지각합니다. 즉 초음파를 발생시킨 다음, 주위에 부딪혀 돌아오는 반사파를 이용해 방향을 파악하고 반사파가 돌아오는 시간을 통해 거리를 감지합니다. 인간과는 다른 방법으로 '대상까지의 거리, 대상의 크기, 형태, 움직임, 촉감을 식별'하는 것입니다.

여기서 네이글은 '박쥐가 된다는 건 어떤 느낌일까'를 이해하려 합니다. 즉 박쥐가 어떤 체험을 하는가를 상상하고 다음과 같이 이야기합니다.

내가 상상을 통해 알 수 있는 것은 내가 박쥐와 같은 존재라면 그게 내게 어떤 느낌일까 하는 사실뿐이다. 하지만 문제는 그게 아니다. 나는 박쥐가 스스로를 어떻게 느끼고 생각하는지 알고 싶다. 하지만 이를 상상할 때 내 상상의 소재는 나 자신의 마음에 지나지 않는다. 그런 소재는 이 작업에 아무런 도움이 되지 않는다.

_토머스 네이글,「박쥐가 된다는 것은 어떤 느낌일까」

'X의 내면적인 체험은 외부에서 이해할 수 없다.' 이를 박쥐에 한정할 필요는 없습니다. 인간 또한 다른 사람이 어떤 체험을 하는가에 대해 상상하기는 쉽지만 그 사람의 내면적인 체험은 알 수 없을 것입니다. 누가 "선명한 빨간색이야!"라고 했을 때 그 사람이 느끼는 빨간색을 내가 공유할 수는 없습니다. 이를 '박쥐 문제'라고 부르겠습니다.

이런 '경험적 상태의 질感覺質'을 요즘은 '감각질qualia'이라고 표현합니다. 하늘을 보았을 때 '파랗다'고 느끼거나 두통이 생겼을 때 '머리가 지끈거리는 느낌' 등은 아주 평범한 현상입니다. 대니얼 데닛Daniel C. Dennett이라는 미국의 철학자는 『의식의 수수께끼를 풀다 Consciousness Explained』에서 감각질이라는 말을 사용해 네이글의 논의를 다음과 같이 정리했습니다.

감각질이라는 내재적인 특성이 존재하고, 이 감각질이 '의식 체험을 한다는 것이란 과연 어떤 현상인가'라는 문제를 제시한다.

_대니얼 데닛,『의식의 수수께끼를 풀다』

단 데닛이 이 논의에 부정적이라는 사실에 주의해야 합니다. 그렇다면 마음을 어떻게 이해해야 좋을까요?

뇌가 먼저 변화할까?
마음이 먼저 움직일까?

마음의 방향을 결정하는 뇌

우리가 일상생활에서 타인의 마음을 알려고 할 때는 그 사람의 말과 행동을 이해하는 수밖에 없습니다. 하지만 말과 행동이야말로 믿을 수 없다는 사실 또한 명백합니다. 예를 들어 애인이 "널 사랑해"라고 늘 속삭이고 상냥하게 대해 준다 해서 진심으로 그렇게 생각하는가는 알 수 없습니다. 나를 이용하기 위해 그런 말과 행동을 할 수도 있습니다. 양다리를 걸치고 있다는 사실을 감추려고 일부러 상냥하게 행동하는지도 모릅니다.

그렇다고 입을 다물고 있다 해서 마음이 전해지는 것도 아닙니다. 누군가를 좋아한다면 그에 걸맞게 표현해야만 이해할 수 있습니다. 아무런 표현도 하지 않는데 남이 이해해 주지는 않습니다.

이렇게 생각해 보면 신체를 통해 마음을 이해한다는 건 원리적인 어려움(박쥐 문제)이 있을 뿐만 아니라 실제로도 꽤 의심스러운 일이라는 사실을 알 수 있습니다. 그렇다면 마음의 존재를 좀 더 확실하게 알 수 있는 방법은 없을까요?

이런 측면에서 요즘 '뇌 과학'이 각광을 받고 있습니다. 20세기 말, 뇌 과학은 뇌 영상 촬영 기술이 발달하면서 비약적으로 발전하고 있다는 평가를 받았습니다. 하지만 지금까지는 뇌를 다룰 때 마음을 이해하기란 불가능하다고 이야기해 왔습니다. 왜 그랬을까요?

우선 의식 체험에 대해 생각해 봅시다. 가령 '눈앞의 한 송이 빨간 꽃을 본다'고 할 때, 문제는 이 상황을 어떻게 설명하느냐입니다. 과학적으로 설명한다면 이렇게 말할 수 있습니다.

우선 한 송이 꽃이 있다. 그 꽃에서 발사된 어떤 파장의 전자파가 안구를 통해 망막에 도달한다. 거기에서 발생한 전기 위치 에너지는 반응을 가져오는 충격으로서 신경 섬유를 경유해 대뇌의 특정 부위에 전달된다. 그런 다음 뇌세포에서 전기 화학적 변화가 일어나 그 결과로서 우리는 한 송이 빨간 꽃을 본다는 지각知覚을 얻는다.

_사카모토 햐쿠다이坂本百大,『마음과 신체心と身体』

간단히 말하자면 외부의 자극이 신경을 통해 대뇌에 작용하고 그 결과 지각이 생겨난다는 뜻입니다. 이는 일반적으로 '지각의 인과설'이라고 하며 뇌와 마음의 관계에 대한 상식적인 견해가 됐습니다. 상세한 물리적·생리적 과정은 알 수 없지만 '뇌에서 마음이 생겨난다'는 생각은 보통 의심의 여지가 없는 사실로 간주됩니다.

자유 의지는 어디에서 비롯될까?

그런데 이 '뇌에서 마음이 생겨난다'는 생각은 인간의 본질이라 할 수 있는 '자유 의지'를 어떻게 이해해야 하는가라는 측면에서 아주 오래전부터 의문이 제기되었습니다. 예를 들어 택시를 타려고 생각하고 건너편에서 오는 택시를 향해 손을 든다고 해봅시다. 여기서 '택시가 건너편에서 온다'는 지각은 뇌에서 일어나는 과정에 의해 생겨난다고 간주됩니다.

그런데 택시를 보고 '택시를 타야겠다고 생각하고 손을 든다'는 행동을 하게 되는 건 어떨까요? 일본의 중학교 교과서에 따라 도식적으로 설명하면 이렇습니다.

손을 들겠다고 생각한다(마음의 움직임)→뇌의 물리적·화학적 변화

(뇌에서 일어나는 과정)→운동 신경→근육→실제로 손을 든다(신체의 움직임)

이 도식에 따르면 뇌와 마음의 관계가 역전되어 있다는 사실을 알 수 있습니다. 즉 마음이 먼저 움직이고, 그에 따라 뇌에서 과정이 일어나며, 그다음에 신체적인 행동이 일어납니다. 이는 일반적으로 '자유 의지'라고 불리는 현상입니다. 택시를 봤다고 해서 자동적으로 손이 올라가지는 않습니다. 택시를 타려고 생각하지 않았다면, 또한 택시를 타기 위해 손을 들어야겠다고 생각하지 않았다면 손을 들지 않았을 것입니다. 택시를 탈 수도 있고 타지 않을 수도 있습니다. 또 손을 들 수도, 들지 않을 수도 있습니다. 이러한 선택지 가운데 굳이 택시를 타야겠다, 그러니 손을 들자는 생각을 합니다. 이것이 '마음의 움직임'이라는 사실은 분명합니다.

이러한 설명에 따르면 마음의 움직임은 어디까지나 '뇌의 물리적·화학적 변화'에 선행합니다. 그러므로 자유 의지와 같은 마음의 움직임은 뇌에서 일어나는 과정에서 생겨나는 것이 아닙니다. '자유 의지'를 이렇게 보았을 때 '뇌에서 마음이 생겨난다'고 할 수는 없을 것입니다. '자유 의지란 무엇인가'라는 물음과 별도로, 이것이 인간이 하는 행동의 기점으로서 '뇌에서 일어나는 과정'에 선행하고 있기 때문입니다. 그러므로 자유 의지가 인간에게 존재하는 한 '뇌에서 마음이 생겨난다'고 할 수는 없을 것 같습니다.

자유 의지도 뇌의 영향을 받는다

그런데 이 '자유 의지'와 관련된 충격적인 실험이 전해지고 있습니다. 1983년, 뇌 과학자 벤저민 리벳Benjamin Libet은 '자유 의지'와 관련해 '마음이 뇌에 선행한다'는 생각을 뿌리에서부터 뒤흔들어놓은 실험을 합니다. 리벳은 이에 관해 일반 독자를 대상으로 쓴 『마인드 타임Mind Time』에서 다음과 같이 쓰고 있습니다.

뇌가 자발적인 행위를 어떻게 처리하고 있는가는 의식을 수반하는 의지의 역할뿐만 아니라 자유 의지를 생각할 때도 근본적으로 중요한 문제입니다. 지금까지는 보통 자발적인 행위를 두고 행위를 촉발하는 의지가 행위에 연결되는 뇌 활동 이전이나 행위가 시작되었을 때 나타난다고 생각했습니다. 만약 이것이 사실이라면 자발적인 행위는 의식적인 마음이 발동해 지정한다고 볼 수 있습니다. 하지만 이 생각이 틀렸다면 어떨까요? 자발적인 활동을 하게 하는 특정한 뇌 활동이 행위를 촉발하는 의지 이전에 시작 …… 된다는 게 가능하다면요?

_벤저민 리벳, 『마인드 타임』

즉 '자유로운 자발적 의지' 이전에 '뇌 활동'이 시작되고 있을지도 모른다는 이야기입니다. 따라서 '자유 의지' 또한 '뇌에서 마음이 생겨난다'는 사실을 보여 줍니다. 이것이 확증되었다면 지금까지의 전제를 근본적으로 뒤엎게 되므로 분명 충격적인 실험입니다. 그렇다면 리벳은 이를 어떻게 증명했을까요?

여기서 리벳이 했던 실험을 상세하게 소개하지는 않고 요약해서 살펴보겠습니다. 피험자는 오실로스코프(전기 신호 형태(파형)를 표시하기 위한 계측기-옮긴이 주)의 시계를 보면서 '단순하지만 급격하게 손목을 구부렸다 펴는 운동을 하고 싶을 때 하라'는 지시를 받습니다. 또 손 운동을 실행하려는 '의욕'과 '바람' '의지'가 생긴 시간을 기억했다가 나중에 보고해야 합니다.

또한 이 실험에서는 실제로 손 운동이 실행된 시간과 그 운동에 선행해 일어나는 '준비 전기 위치 에너지', 즉 '뇌 활동의 전기 위치 에너지 변화' 시간을 측정했습니다. 이렇게 세 가지 시간을 측정함으로써 '마음의 의지' '신체적 활동' '뇌의 변화' 사이의 전후 관계가 명확해집니다. 그렇게 해서 어떤 사실이 밝혀졌을까요? 리벳은 다음과 같은 결론을 내립니다.

우리가 발견한 사실을 간단히 말하면 자유롭고 자발적인 행위가 일어나기 550밀리초(밀리초는 1/1000초-옮긴이 주)전에 뇌는 기동 과정을 표시합니다. 하지만 실행하고자 하는 의식을 수반한 의지의 자각은 그 행위의 불과 150에서 200밀리초 전에 나타납니다. 따라서 피험자가 행위를 실행하려는 자신의 의지와 의도를 자각하는 400밀리초쯤 전에 무의식에서 자발적인 과정이 일어납니다.

_리벳, 『마인드 타임』

말하자면 '뇌의 변화→마음의 의지→신체 활동' 순으로 일어난다는 뜻입니다. 지금까지는 마음의 의지에서 뇌의 변화가 일어날 것이라고 예상했습니다. 하지만 실험을 통해 그와는 반대로 뇌의 변화로부터 마음의 의지가 생겨난다는 것이 명백해졌습니다. 자유롭고 자발적인 행위라 하더라도 뇌의 변화가 먼저 일어나는 것입니다.

이 실험에는 다양한 의문과 비판이 제기되었습니다. 하지만 이 실험이 준 충격이 매우 컸음을 짐작할 수 있을 것입니다. 이 실험을 보면 지각뿐만 아니라 자유 의지와 관련해서도 '뇌에서 마음이 생겨난다'고 할 수 있기 때문입니다.

×

나를 움직이는 것이 정말 뇌일까?

뇌는 마음의 중추

그렇다면 마음의 움직임을 알려면 뇌를 연구해야 하지 않을까요? 분명 옛날부터 '뇌는 마음의 자리'라고 생각해 왔고, 뇌가 기능하지 않으면 마음의 움직임도 사라진다고 보았습니다. 그렇기에 '인간의 죽음'을 판별할 때 '뇌사'가 기준이 되어 가고 있습니다.

그렇지만 뇌는 머릿속에 감추어져 있어 지금까지 블랙박스나 다름없었기에 뇌의 기능 또한 잘 알 수 없었습니다. 그런 가운데에서도 뇌와 마음의 관계를 보여 주는 사례가 몇 가지 있습니다. 그중 유명한 사례가 피니어스 게이지Phineas Gage의 일화입니다. 뇌과학자 마이클 가자니가Michael S. Gazzaniga는 이 사례에 대해 다음과 같이 적확하게 기술하고 있습니다.

피니어스 게이지는 전 시대에 걸쳐 가장 잘 알려진 신경 심리학 환자 중 한 사람이다. 그는 열차길 건설 현장에서 일하다가 폭발 사고로 쇠막대기가 머리를 관통했음에도 살아남았으나 뇌의 전두엽 부위가 손상되었다. 그는 회복한 후 정상적으로 보였지만 이전에 그를 알던 사람들은 그에게 어떤 변화가 있음을 알아챘다. 그의 친구들은 게이지가 "더 이상 게이지가 아니었다"라고 말했다. 실제로 그의 인격은 철저하게 변했다. 그는 충동적이 되었고 정상적인 억제 능력을 잃었으며, 부적절한 사회적 행동을 보였다.

_마이클 가자니가, 『뇌는 윤리적인가The Ethical Brain』[13]

안타깝게도 게이지가 사망한 직후 부검이 이루어지지 않았기 때문에 뇌의 어느 부분이 손상되었는가를 정확히 가려내지는 못했습니다. 하지만 최근 뇌 과학자 안토니오 다마시오Antonio Damasio가 남아 있는 게이지의 두개골을 조사해 뇌 손상 부분을 유추하고 그 부분이 "전전두피질의 내측과 안와 부위"라는 사실을 밝혀냈습니다(『데카르트의 오류Descartes' error』). 현재는 이 영역이 손상되면 행동을 억제하지 못한다는 사실이 잘 알려져 있습니다.

이러한 '뇌에서 마음으로'라는 접근법은 마음의 병을 치료하는

데에도 적용되고 있습니다. 예전에는 마음의 병을 치료하려면 상담이나 정신 분석을 받는 식으로 접근했습니다. 하지만 요즘은 뇌에 직접 영향을 미쳐 마음의 병을 치료하는 방법이 주류를 이루고 있습니다. 요즘은 뇌에 외과적 수술을 실시해 마음의 형태를 바꾸거나, 약물을 투여해 우울증과 정신 분열증(현재는 조현병) 등을 치료하는 게 당연한 방식이 되었습니다.

그뿐만 아니라 '스마트 약품'이라는 '머리가 좋아지는 약'을 사용해 지적 능력을 향상시키기도 합니다. 이런 약은 원래 알츠하이머병이나 주의력 결핍 장애가 있는 아이의 치료 등에 쓰였지만 요즘은 일반 사람도 복용해 기억력과 주의력을 향상시킵니다. 하지만 병의 치료든 지적 능력 향상이든 '약물'이 '뇌'에 직접 작용해 '마음의 변화'를 가져온다는 사실을 확인해 둘 필요가 있습니다. 이렇게 해서 마음과 관련된 문제는 뇌의 문제가 되었습니다.

'나'가 사라지고 '뇌'만 남은 사회

이처럼 뇌가 주목받게 된 배경으로는 뇌를 영상화하는 기술의 진보를 들 수 있습니다. 예를 들어 미국의 변호사 브렌트 갈런드 Brent Garland가 편집한 『뇌 과학과 법Neuroscience and the Law』에서는 다음과 같이 설명합니다.

영상화 기술의 발달과 더불어 뇌의 기능에 대해 매우 선명한 영상을 얻을 수 있게 되면서, 우리가 과제에 몰두하거나 어떤 감정을 품거나 다양한 행동을 할 때 '뇌 내부에서 무엇이 일어나는가'를 잘 알 수 있게 되었다.

_브렌트 갈런드, 『뇌 과학과 법』

구체적으로는 MRI(자기 공명 영상), fMRI(기능적 자기 공명 영상), PET(양전자 방출 단층 촬영법) 등이 자주 사용됩니다. 이런 영상 기술을 통해 지금까지 블랙박스나 다름없었던 뇌 내부를 실시간으로 볼 수 있게 되었습니다. 그리고 이를 통해 뇌의 상태를 알 수 있다면 당연히 마음의 존재 방식도 이해할 수 있을 것입니다. 아직 뇌 영상 기술은 그 수준까지 도달하지는 못했지만 조만간 뇌 영상을 통해 마음을 읽어 낼 수 있을 거라고 예상됩니다.

때문에 뇌 과학이 발달하면서 사생활이 침해될 거라고 걱정하는 사람도 있습니다. 먼 거리에서 다른 사람의 뇌를 영상화할 수 있게 되면 그 사람의 마음을 투시할지도 모른다는 것입니다. 과연 이런 기술이 가능할지는 모르겠지만 여기서는 뇌 과학이 최종적으로 도달할 지점이 어디일까를 생각해 보도록 하겠습니다.

그것은 주체로서 '나'가 소멸하고 '뇌'가 주체가 되는 것입니다. 가자니가는 『뇌는 윤리적인가』에서 '자유 의지는 환상일 뿐인가?

만약 자유 의지가 환상이라면 우리가 우리 자신의 행위에 개인적 책임이 있다는 생각을 수정해야 하는가?'라고 물으면서 다음과 같이 이야기합니다.

> 뇌 영상 기법의 출현과 더불어 이제는 신경 과학자들이 이 질문들을 탐구하고 있고, 점차 법조계도 무언가 이야기를 해야 할 것이다. 변호사들은 의뢰인의 뇌 스캔에서 정상적인 억제 연결망이 잘못 기능하거나 범죄를 저지르는 비정상적 성향을 보여 주는 한 화소 pixel를 찾아서 "범죄를 저지른 건 해리가 아니라 그의 뇌이다. 해리는 자신의 행동에 책임이 없다"라고 주장할 수도 있다.
>
> _가자니가, 『뇌는 윤리적인가』[14]

가자니가는 이 결론에 동의하지 않지만 이런 식의 뇌 과학적 의견은 자주 나옵니다. 다양한 마음의 움직임을 설명한 다음 뇌 과학자가 나와 이렇게 이야기합니다. "이건 모두 뇌의 작용입니다. 뇌의 움직임을 보면 마음을 다 알 수 있습니다!"

지금까지 행위의 주체는 어디까지나 '나'이고 '내가 그 행위를 했다'고 이야기해 왔습니다. 하지만 뇌 과학의 언어로 말하자면 행위의 주체는 '뇌'이기에 그야말로 '뇌가 행위를 합니다'. 그렇다면 행위의 책임은 '나'가 아니라 '뇌'에 물어야 하는 게 아닐까요?

하지만 뇌가 어떤 식으로 책임을 질 수 있는지는 알 수 없습니다.

그래도 마음은 중요하다

'뇌'가 주체가 되면서 소멸하는 건 '나'만이 아닙니다. 나아가 '마음' 또한 명백히 사라질 것입니다. 왜냐하면 뇌가 주체로서 마음을 만들었기 때문에 마음을 알려면 뇌를 이해해야 되기 때문입니다. 그러므로 지금으로서는 마음을 알려고 하기보다 뇌를 이해하는 쪽이 중요해 보입니다. 마음의 존재 방식을 '뇌의 상태'로 설명하면 문제가 모두 해결된다는 식의 이야기가 넘쳐납니다.

하지만 마음이 결코 불필요하다고 할 수 없습니다. 예를 들어 영상 촬영을 해서 뇌의 활동을 해독했다고 합시다. 하지만 이 영상만으로는 아무것도 알 수 없습니다. 이것을 피험자가 보고하는 마음 상태와 연관지어야만 비로소 뇌 영상도 의미를 갖습니다. 이런 의미에서 뇌 과학을 발전시킴과 더불어 마음을 해명하는 것이 필수적이라고 할 수 있을 것입니다.

이는 리벳의 실험에서도 마찬가지입니다. 그 실험의 출발점은 피험자가 손을 움직이려고 생각한 그 순간을 피험자가 시계를 보면서 기억하는 것입니다. 움직이려고 생각하는 의지는 어디까지나 피험자가 내적으로 깨닫는 것입니다. 또 그 의지가 언제 생겨났는가는 피험자가 이른바 내적으로 확인할 수밖에 없을 것입니다. 이 마음의 움직임을 전제로 삼지 않으면 자유 의지를 부정하지도 못합니다.

하지만 원래 마음 그 자체가 무엇인지가 수수께끼입니다. 현대 뇌 과학은 뇌에서 마음이 생겨난다고 주장할지도 모릅니다. 이 주장을 증명하려면 마음과 뇌를 대응시켜야만 할 것입니다. 하지만 이들을 대응시키려면 마음을 보다 명확히 규정해야만 합니다. 말할 필요도 없이 마음을 명확히 규정하려면 뇌 과학은 사용할 수 없습니다. 마음이 무엇인가를 규정하지도 않고 마음과 뇌의 대응 관계를 전제할 수는 없기 때문입니다. 하물며 뇌가 마음을 만든다고도 이야기할 수 없겠죠. 도대체 뇌는 어떤 마음을 만들어 내는 걸까요?

내가
누구인지를
꼭 확립해야
할까

?

자유와 평등 | 감시 사회 | 로봇 | 뇌 과학

정체성 | 의사소통 | 복제 | 환경

×

예전에는 '정체성의 확립'을 진지하게 추구
하던 시기도 있었습니다. 하지만 오늘날은
그렇게 진지한 인격이 아니라 놀이에 가까
운 캐릭터를 연기하는 게 일상적인 풍경이
되었습니다. 그때그때에 맞춰 캐릭터를 연
기하면서 소통하는 것이야말로 우리가 살
아가는 방식입니다. 그렇다면 그 사람의
정체성은 소멸한 것일까요?

나는 남성일까? 여성일까?

정말 나의 '성'은 하나뿐일까?

"당신에게는 성(性)이 몇 개 있습니까?" 이런 질문을 받았다면 어떻게 대답해야 할까요? 아마 대부분 고개를 갸웃하면서 "하나예요" "저는 남자(여자)예요"라고 답할 것입니다. 어쩌면 "질문을 이해할 수 없어요. 성은 한 사람에게 하나뿐이잖아요. 질문하시는 의도가 뭐예요?"라고 불쾌해하며 반문할지도 모르겠네요.

성이 몇 개냐고 묻다니, 분명 기묘한 질문이라고 생각될 것입니다. "성은 한 사람당 하나로 정해져 있지 않나요?"라고 되물을지도 모르겠군요. 하지만 잠깐 생각해 봤으면 합니다. 혹시 '성별 불쾌감'이라는 말을 뉴스에서 들어 봤는지 모르겠습니다. 신체의 성별

과 심리적으로 느끼는 성별이 일치하지 않는 경우를 말합니다. 남자로 태어났지만 스스로를 여자라고 느끼거나 혹은 정반대의 경우도 있습니다. 이러한 사람의 성이 하나라고 말할 수 있을까요?

또 성별 불쾌감을 겪는 경우가 아닌데도 여장을 좋아하는 남성, 남장을 좋아하는 여성도 있습니다. 이와는 전혀 별개로 이성이 아니라 동성을 좋아하는 연애도 있습니다. 일반적으로 '동성애'라 하는데 이때 남성을 좋아하는 남성 중에는 여성적인 사람도 적지 않습니다. 최근에는 여성적인 말투를 쓰는 남자 연예인이 텔레비전에 자주 출연하므로 그런 이들이 그다지 낯설지 않습니다. 이런 예들을 볼 때 '성은 한 사람에 하나'라고 할 수 있을까요? 어쩌면 인간의 성을 남성과 여성으로 한정하는 것이 선입관일지도 모릅니다.

고대 그리스의 철학자 플라톤Platon은 『향연Symposium』이라는 책에서 희극 작가 아리스토파네스에게 다음과 같은 신화를 들려줍니다. '일찍이 인간은 지금과 달리 두 사람이 합체한 듯한 모습을 하고 있었다. 그뿐 아니라 인간은 모두 세 종류였다. '남자-남자' '여자-여자' 그리고 제3의 '남자-여자'도 존재했다. 이 세 종류의 인간은 매우 오만해 신들의 애를 먹였다. 그래서 신들은 인간을 정확히 둘로 쪼갰고, 오늘날과 같은 두 종류의 인간이 형성되었다.' 아리스토파네스에 따르면 연애란 이렇게 둘로 나뉜 인간이 자신의 반쪽을 찾아 옛날처럼 하나가 되고자 하는 것입니다.

아리스토파네스의 이야기에서 제3의 인간인 남자−여자는 '안드로규노스androgynos'라고 불립니다. 플라톤은 신화로서 이야기하고 있지만 이런 생각은 인간 본연의 모습을 이해하는 데 지금도 유효합니다. 예를 들어 인간의 무의식을 연구한 지그문트 프로이트Sigmund Freud는 '인간은 양성적 기질을 갖추고 있다'고 간주합니다. 두 성이 어떤 식으로 균형을 이루는가에 따라 각 개인의 본연의 모습이 결정됩니다.

한 사람의 성은 셀 수 없다

성에 관련된 행동을 살펴보면 '남성이냐 여성이냐'를 묻는 것보다 '남성성과 여성성'이라는 사고방식이 분명 인간 이해의 폭을 넓혀 준다고 생각됩니다. 여성적인 요소를 갖춘 남성이 있는가 하면 남성적인 여성도 적지 않습니다. 남녀 커플이라 할지라도 여성 쪽이 오히려 능동적인 남녀의 역전 현상도 종종 일어나고 있습니다. 그러므로 신체적으로 남성이라 해서 누군가를 단순히 남성으로만 이해하는 것은 잘못 아닐까요? 그에게서 여성적인 요소를 쉽게 발견할 수 있다 해도 전혀 놀라운 일이 아닙니다.

그래서 한때 '양성구유兩性具有'라는 논의가 페미니즘을 주도했습니다. '남성과 여성은 물과 기름처럼 분명히 구별되지 않으며 모든 사람에게는 두 개의 성이 포함되어 있다. 따라서 남녀를 차별하는 것은 옳지 않고 오히려 두 개의 성이 함께 나타나는 인간(양성구유자)이야말로 모델이 되어야 한다.' 페미니즘에서는 이렇게 주장했습니다.

이런 생각을 보다 급진적으로 전개한 사람들이 질 들뢰즈^{Gilles Deleuze}와 펠릭스 가타리^{Félix Guattari}입니다. 이들이 쓴 『안티 오이디푸스^{L'Anti-Œdipe}』는 1972년에 발간되면서 순식간에 젊은이들에게 받아들여져 현대 사상에 압도적인 영향을 미쳤습니다. 들뢰즈와 가타리는 이 책에서 'n개의 성'이라는 개념을 제시해 그때까지의 성에 관한 생각을 근본적으로 뒤집었습니다. 그들은 이런 식으로 이야기합니다.

> 하나의 성도 두 개의 성도 아닌 n개의 성
>
> _질 들뢰즈·펠릭스 가타리, 『안티 오이디푸스』

하지만 이 n개의 성을 어떻게 이해해야 할까요? 남성과 여성은 알겠고 여기에 해당하지 않는 양성구유자를 포함해도 성은 세 가지밖에 안 됩니다. n개는 도저히 안 될 것 같습니다. 들뢰즈와 가타리는 n개의 성이라는 개념으로 무엇을 말하려 하는 걸까요?

그들은 기본적으로 성을 인간의 형태로만 한정짓지 않습니다. 예를 들어 '연애'는 보통 인간 사이의 관계를 전제합니다. 이성애라면 남성과 여성, 동성애라면 남성과 남성, 혹은 여성과 여성 사이의 연애를 말합니다. 이 모든 경우에 성은 인간의 형태로 이해됩니다. 하지만 우리의 욕망이 인간에게만 향하는 걸까요?

들뢰즈와 가타리에 따르면 인간의 욕망은 다종다양하며 다양한 대상으로 향합니다. 이러한 욕망이야말로 연애가 아닐까요? 즉 다종다양한 욕망의 관계를 성으로 이해하는 것입니다. 하나의 예를 들자면 자동차에 빠져 그 모습에 넋을 잃는 사람도 여기에 해당한다고 볼 수 있습니다.

그러니 인간을 남성 아니면 여성이라는 관점으로 이해하는 건 시야가 무척 협소해 보입니다. 인간은 다양한 욕망을 갖고 있기 때문에 그 욕망을 전부 인간의 형태로만 파악할 수는 없습니다. 인간은 n개의 성을 갖고 있는 것입니다.

이렇게 생각하면 분명 성에 관한 협소한 시야는 벗어날 수 있지만 이와 동시에 성이라는 말의 의미도 없어질지 모릅니다. 그렇다면 대체 성을 어떻게 이해해야 좋을까요?

사회적으로 형성된 성, 젠더

최근에는 성을 두 가지 의미로 구별합니다. 하나는 생물학적 성이고 또 다른 하나는 사회적·문화적 성입니다. 전자는 '섹스sex', 후자는 '젠더gender'라고 표현합니다. 예전에는 성이라고 하면 생물학적이고 신체적인 성(섹스)만을 생각했지만 요즘은 성의 사회적인 의미(젠더)를 묻기 시작했습니다. 예를 들어 성별 불쾌감을 겪는 사람은 섹스와 젠더가 일치하지 않는 사례라고 할 수 있습니다. 여기서 문제는 이 두 가지 성의 관계입니다.

상식적으로 생각했을 때 생물학적인 성(섹스)은 자연적으로 갖게 된 것이므로 부정할 수 없다고 간주됩니다. 이러한 생물학적인 성에 기초해 사회적이고 문화적인 성(젠더)이 형성됩니다. 순서대로 보자면 생물학적인 성에서 사회적인 성이 파생됩니다. 생물학적인 성 없이 사회적인 성은 의미를 갖지 못합니다. 여기까지는 매우 이해하기 쉬울 것입니다.

그런데 미국의 사상가 주디스 버틀러Judith Butler는 『젠더 트러블Gender Trouble』이라는 책에서 섹스와 젠더의 관계를 역전시켰습니다. 버틀러는 자연적인 섹스와 사회적인 젠더가 각각 독립적으로 존재한다는 논의에 의문을 던지면서 이렇게 이야기합니다. 표현이 조금 어렵지만 말하고자 하는 메시지는 매우 간단합니다.

'섹스'라 불리는 이 사회적인 구성물은 젠더와 마찬가지로 사회적으로 구성된 것이 될 것이다. 어쩌면 섹스는 언제나 이미 젠더였을지도 모른다. 그 결과 섹스와 젠더는 전혀 구별될 수 없는 것으로 판명된다.

_주디스 버틀러, 『젠더 트러블』[15]

이러한 생각은 일반적으로 '사회구성주의social constructionism'라고 합니다. 이에 따르면 어떤 현실도 사회적으로 구성된 것이며 이 제한을 벗어나지 못합니다. 따라서 사회적인 젠더는 물론이고 생물학적인 섹스조차도 사회적으로 구성된다고 할 수 있습니다. 사회와 관계없어 보이는 생물학적인 성도 이미 사회적으로 구성된다는 것입니다.

약 반세기 전, 프랑스의 여성 사상가 시몬 드 보부아르Simone de Beauvoir는 『제2의 성Le Deuxième Sexe』에서 "여자는 태어나는 게 아니라 만들어진다"라는 유명한 말을 했습니다. 보부아르의 이 말을 요즘 유행하는 식으로 해석하면 사회구성주의를 이해할 수 있습니다. '사람은 여자로 태어나는 게 아니라 사회적인 모든 관계와 다양한 실천에 따라 여자로 만들어진다', 즉 여자라는 성은 자연적으로 갖게 되는 게 아니라 사회적인 행위 안에서 구성되어 가는 것입니다.

이렇게 보면 한 사람 한 사람이 '남자' 혹은 '여자'라는 단 하나의 성을 자연적으로 갖게 된다는 논의는 이미 힘을 잃은 게 아닐까요?

나의 인격은 몇 개일까?

다중 인격이 필요한 현대인들

n개의 성이 있다고 한다면 과연 '인격'은 몇 개일까요? 이러한 의문이 나오게 된 이유는 요즘 여러 개의 인격을 가진 다중 인격 장애가 늘고 있기 때문입니다. '다중 인격 장애'란 엄밀히 말하면 '해리성 정체감 장애'라고 불리는데 한 사람 안에 여러 개의 인격이 교대로 나타납니다. 이런 다중 인격 장애는 옛날부터 알려져 있었고 이를 다룬 소설로는 로버트 루이스 스티븐슨^{Robert Louis Stevenson}의 『지킬 박사와 하이드 씨^{The Strange Case of Dr. Jekyll and Mr. Hyde}』가 유명합니다. 하지만 최근에는 1977년 미국에서 일어난 '빌리 밀리건 사건' 이후 유행하게 됐습니다.

이 사건의 용의자인 빌리 밀리건은 연쇄 강간·강도 사건의 용의자로 체포되었는데 그에게는 여러 개의 인격이 존재했습니다. 때문에 그는 재판에서 불기소되었고 무죄 선고를 받았습니다. 미국의 작가 대니얼 키스Daniel Keyes는 이 사건에 관해『빌리 밀리건The Minds of Billy Milligan』이라는 책을 썼고 이후 '다중 인격 장애'가 크게 주목받기 시작했습니다. 이 사건을 계기로 미국에서는 '다중 인격 장애'를 이유로 무죄를 주장하는 경우가 급증했고 나아가 다중 인격 장애 환자도 순식간에 늘어났습니다.

이른바 '다중 인격 장애'는 인격이 교대하면 다른 인격에 대한 기억이 사라지거나 의식이 단절되는 경우가 많습니다. 스마트폰을 봤더니 문자 메시지를 보낸 기억이 없는데 보낸 문자가 남아 있다거나, 산 적 없는 옷이 옷장 안에 걸려 있다거나, 스무 살 여성이 갑자기 세 살 여자아이 같은 말투를 쓰면서 울음을 터뜨립니다. 낯모르는 사람이 친구라면서 친한 척 말을 걸기도 합니다. 분명 이런 일을 계속 경험한다면 병이라고 할 수 있을 것입니다.

하지만 인격의 교대는 일상생활에서도 아주 평범하게 일어나는 일 아닐까요? 예를 들어 편의점에서 아르바이트를 할 때는 웃으며 손님을 대하는 사람이 집에 돌아가서 부모에게 언짢은 말이나 행동을 하는 경우도 있을 것입니다. 또 밖에서는 소심한 남자가 집에서는 아내에게 폭력을 휘두르기도 합니다. 이러한 예는 저

자신을 포함해 일일이 말할 수 없을 만큼 많습니다.

우리 생활은 타인과의 관계 속에서 이루어지며 그에 따라 일정한 역할을 연기해야 합니다. 가정에서는 부모, 자식, 형제로서 행동합니다. 학교에서는 교사냐 학생이냐에 따라 행동하는 방식이 달라집니다. 회사에서는 상사냐 부하냐에 따라 각각 다른 태도가 요구됩니다. 사람은 상황에 따라 다양한 인간관계를 맺고 있기 때문에 각 상황에 맞게 말과 행동을 해야 합니다. 그때그때 다른 인격이 요구되는 것입니다.

그렇다면 다중 인격까지는 아니더라도 다양한 인격은 오히려 필수적인 게 아닐까요? 지금까지는 '한 사람에게 인격은 하나'라고 생각했습니다. 하지만 어지러울 정도로 빠르게 변화하는 현대 사회에서는 다양한 상황에 대응해 서로 다른 역할을 구분해 연기해야만 합니다. 그러지 못하면 분명 '촌스럽다'며 비웃음을 살 게 뻔합니다.

두 사람이 똑같은 인격을 가지면 어떻게 될까?

이번에는 다중 인격과는 정반대의 경우를 생각해 보겠습니다. 다중 인격은 한 사람에게 여러 개의 인격이 나타납니다. 이와는 반대로 하나의 인격이 여러 사람에게 나타납니다. 이는 옛날부터

'빙의'라든가 '트랜스'라 해서 다른 사람의 영혼이 옮겨붙는 현상으로 알려졌습니다. 역사적 인물의 영혼이 누군가에게 들어오는 이야기는 영화나 드라마에서도 흔히 볼 수 있습니다. 영국의 사상가 데릭 파핏Derek Parfit이 쓴 『이유와 인격Reasons and Persons』에는 몇 가지 재미있는 SF적 사고 실험이 나오는데 그중에서 다음과 같은 사고 실험을 살펴봅시다.

'당신은 일란성 세쌍둥이 가운데 한 사람이다. 당신은 신체에 큰 손상을 입었지만 뇌는 아무 이상이 없다. 반면 다른 두 형제는 뇌에 큰 손상을 입었지만 신체에는 별 이상이 없다. 이대로는 세 사람 모두 죽을 텐데 이를 막는 수단은 다음과 같은 수술을 하는 것이다. 즉 좌뇌와 우뇌로 이루어진 당신의 뇌를 나누어 각각 다른 두 형제에게 이식한다. 이 수술을 하면 어떻게 될까?' 간단히 이야기하자면 한 사람의 뇌를 두 사람에게 나누어 준다는 것입니다.

당연히 현재 이런 수술은 가능하지도 않고 법적으로도 허용하지 않습니다. 하지만 의학적으로는 뇌의 절반이 손상되었어도 생존할 수 있다고 합니다. 그러므로 뇌의 절반을 이식받은 사람은 생존할 수 있고, 또 이식된 뇌의 기억과 사고를 이어받게 됩니다. 물론 이런 가정은 어디까지나 사고 실험이며 현실에서 이루어지는 실험은 아닙니다. 그렇다면 이 사고 실험을 통해 파핏은 무엇을 제시하려 했을까요?

뇌 분리 이식이 허용된다는 전제하에 당신의 뇌가 두 형제에게 이식되었다면 당신이 가진 기억과 사고는 그들이 이어받게 될 것입니다. 당신이 한 달 전에 경험했던 일을 두 형제가 같이 기억할 것입니다. 이때 문제는 당신의 인격은 어떻게 되는가입니다.

두 형제가 모두 당신의 기억을 이어받았다면 어느 한 쪽만이 당신과 동일하다고 할 수는 없습니다. 당신의 뇌가 두 사람에게 나누어졌기 때문에 두 형제는 당신의 기억을 똑같이 이어받습니다. 그렇다면 하나의 인격이 두 사람에게 존재하는 게 아닐까요? 공통의 기억과 사고를 가진 두 사람이 존재하는 것입니다.

지금은 인격 트러블 시대

다중 인격 장애와 뇌 분리 이식에서 무엇이 문제가 되는지 다시 생각해 봅시다. 다중 인격은 한 사람에게 여러 개의 인격이 나타납니다. 각각의 인격은 기억과 사고 등이 단절되어 있으므로 '해리성 정체감 장애'라고도 합니다. 즉 분리된 인격이 한 사람 안에 존재합니다. 이에 비해 뇌 분리 이식의 경우에는 인격의 분리를 가정하지 않습니다. 오히려 신체가 변했어도 기억과 사고 등이 이어진다고 생각합니다. 이때는 여러 사람에게 하나의 인격이 존재합니다.

이들의 차이를 한 문장으로 정리해 보겠습니다. 다중 인격은 '여러 인격이 한 사람 안에' 존재하고, 뇌 분리 이식의 경우는 '하나의 인격이 여러 사람에게' 존재합니다. 이들은 모두 '인격의 동일성'이라는 기본 전제에 어긋납니다. 즉 '한 사람에 하나의 인격'이라는 말에 맞지 않습니다.

지금까지는 '한 사람에게 인격은 하나뿐'이라는 것이 명백한 전제로서 받아들여졌습니다. 그런데 오늘날에는 이 전제 자체가 의심받습니다. 게다가 이는 병적인 경우나 사고 실험 같은 특수한 상황에만 해당되는 것도 아닙니다.

예를 들어 인터넷에서는 전혀 다른 인격이 되어 글을 쓰거나 채팅을 즐기는 게 매우 평범한 일입니다. 여성이지만 남성의 인격이 되어 공격적인 국가주의를 부르짖는 경우도 있습니다. 인터넷에서는 인격이 교대로 나타나는 게 이상한 일이 아닙니다. 그런 사람을 다중 인격 장애라고 할 수 있을까요?

또 뇌 분리 이식은 극단적인 예이지만 이식 기술의 발전을 생각하면 아주 불가능하다고 보기는 어렵습니다. 내 뇌를 다른 사람(예를 들자면 로버트)의 신체에 이식한다는 건 충분히 상상 가능한 이야기이며, 이때 생존한 사람은 신체는 나와 전혀 다르지만 내 기억과 사고를 이어받습니다. 그렇다면 이 사람은 나와 동일한 사람이라고 할 수 있을까요? 그는 다른 신체를 가진 '나'일까요? 아니면 전혀 다른 뇌를 이식받은 '로버트'일까요? 주변 사람들이 어떻게 판단할지 무척 궁금합니다.

이렇게 생각하면 '한 사람에 하나의 인격'이라는 전제는 더 이상 유효하지 않습니다. 주디스 버틀러가 '젠더 트러블'이라고 부른 것과 동일한 사태가 인격에도 일어나고 있는 것입니다. 이를 '인격 트러블'이라고 부르기로 합시다. 현대는 그야말로 인격 트러블의 시대입니다.

정체성을 하나로 확립할 수 있을까?

'나'는 계속 변화한다

성과 인격이 하나가 아니라면 정체성identity(자기 동일성)은 어떨까요? 현대 사회에서는 '개성'이나 '자아 찾기'를 열심히 추구하는 듯합니다. 하지만 성과 인격이 여러 개가 된다면 '자기다움'으로서 '정체성'은 해체되는 게 아닐까요?

그런데 '정체성'이란 무엇을 뜻할까요? 실제로 사물의 정체성은 그리스 시대부터 거듭 논의되었습니다. 그중 '테세우스의 배'라는 유명한 예를 확인해 봅시다. 테세우스는 그리스 신화에 등장하는 아테네의 왕인데 그에게는 배가 한 척 있었습니다. 알기 쉽게 이 배를 '테세우스선'이라고 부르겠습니다. 배가 낡으면 부품을 조금씩 교체해야 합니다. 처음에는 한두 개만 교체하면 되지만 마지막에는 전부 교체해야 합니다. 이때 이 배는 처음과 같은 배라고 할 수 있을까요? 이것이 바로 테세우스의 배가 제기하는 문제입니다.

부품이 조금씩 교체되는 동안에는 이 배를 '테세우스선'이라고 부를 수 있을 것입니다. 그런데 만약 부품을 교체할 때 원래 부품들을 전부 보관한 사람이 있어서 그가 이 부품들을 사용해 배를 만들었다면 이 새로운 배는 뭐라고 불러야 할까요? 부품만 놓고 보자면 이 새로운 배야말로 '원래의 테세우스선'이 아닐까요? 그렇다면 조금씩 부품을 교체한 배는 원래의 테세우스선이 아닐 것입니다.

이러한 역설은 '인간'에 대해서도 지적되어 왔습니다. 세포 단위로 보자면 인간의 신체는 끊임없이 교체됩니다. 어린아이에서 어른으로 성장하는 과정을 보면 조그만 아기와 성인이 된 청년은 몸집도 다릅니다. 그런데도 이들을 같다고 할 수 있을까요? 늘 자식을 지켜본 부모는 같다고 하겠지만 제3자로서는 그렇게 보기 어렵습니다.

심리적 변화에 대해서도 생각해 봅시다. 어린 시절의 생각과 감정은 어른이 되면 당연히 달라집니다. 어린 시절에 무엇을 생각하고 무엇을 느꼈는지 제대로 기억하지 못하는 경우도 많습니다. 지금은 건장한 청년이지만 어린 시절에는 울보였다고 부모가 말해도 스스로는 실감하지 못하기도 합니다. 울보였던 시절의 기억이 없고 그런 감정도 이해하지 못한다면 울보 어린아이와 건강한 청년 사이에 '자기 동일성'이 존재한다고 할 수 있을까요? 영국의 경험론(인간의 모든 지식과 인식은 경험에서 비롯한다는 철학적 입장—옮긴이 주)을 대표하는 철학자 데이비드 흄David Hume이 아니더라도 정체성이란 '상상력'에 의해 만들어진 '허구'라고 말하고 싶어집니다.

오늘날 정체성의 다양한 의미

정체성을 생각할 때는 이 말의 의미가 변해 왔다는 사실에 주의해야 합니다. 정체성이라는 말이 대중화된 것은 미국의 심리학자인 에릭 에릭슨Erik Homburger Erikson의 영향 때문입니다. 우선 에릭슨이 말하는 정체성의 의미를 살펴보겠습니다.

말할 필요도 없이 인간은 사회 안에 존재하며 타인과 더불어 생활해야만 합니다. 그렇기에 다른 이들이나 사회가 '당신은 이런 사람이로군요'라며 단정 짓기도 하고 다양한 평가를 내리기도 합니다. 이를 에릭슨은 '사회적 정체성'이라고 불렀는데 이 정체성은 '나는 이런 사람이다'라고 스스로 생각하는 '개인적인 정체성'이 아닙니다.

에릭슨에 따르면 청소년기에는 '사회적인 정체성'과 '개인적인 정체성' 사이에 갈등이 생겨납니다. 그 이전에는 주변에서 바라보는 나 자신을 자연스럽게 받아들이지만 성장하면서 타인의 평가를 거부하게 됩니다. '나를 당신들 멋대로 생각하지 마라!'는 식의 감정은 청소년기의 특징이지만 이는 매우 불안정한 상태이기 때문에 심리적 위기에 빠지기도 합니다.

따라서 청소년기에는 사회적인 정체성과 개인적인 정체성 사이의 어긋남을 조정하고 새롭게 배치해 안정된 자기 정체성을 형성해야 합니다. 청소년기에는 이렇게 정체성을 통합하기 위해 다양한 역할 실험을 반복하고 사회 안에서 자기에게 맞는 장소를 발견하려 합니다. 에릭슨이 이 시기를 '모라토리엄(유예 기간)'이라고 부른 것은 잘 알려져 있습니다. 청소년기는 자기 존재를 모색하는 시기이며, 사회 안에서 어떻게 살아갈까(=자기 정체성)를 아직 확립하지 못했기 때문입니다.

하지만 현대 사상에서 정체성이라는 말의 의미는 근본적으로 변했습니다. 예를 들어 신분증명서는 영어로 '아이덴티티 카드identity card'라고 하며 그 사람이 누구인가를 증명합니다. 하지만 '누구인가'는 다양하게 규정할 수 있습니다. 남성이냐 여성이냐를 비롯해 가족, 학교, 회사 등 소속 집단 지역이나 국적, 혹은 민족이나 문화 등 다양한 관점이 존재합니다. 이때 놓치지 말아야 할 것은 어디에 소속되느냐가 권력관계에 지배받는다는 사실입니다.

젠더의 차이, 인종이나 민족의 차이, 성적 지향의 차이 때문에 소수파와 약자 집단은 차별당하고 억압받기도 합니다. 특정 정체성을 가졌다는 이유로 어떤 집단은 사회적인 불공정함에 희생됩니다. 이런 측면에서 그 집단의 이익을 대변하는 것을 현대 사상에서는 '정체성의 정치'라고 부릅니다. 이는 청소년기의 문제도, 자기 정체성을 확립하는 것도 아닙니다. 사회적 약자 집단의 정체성을 옹호하는 것이 목표입니다. '여성으로서의 정체성, 흑인으로서의 정체성, 소수 이민자로서의 정체성, 장애인으로서의 정체성 등 개인은 이러한 정체성을 깨닫고 권리를 주장해야만 한다.' 정체성의 정치는 이렇게 주장합니다.

이제는 캐릭터의 시대

이렇게 보면 정체성이라는 말의 의미는 변했지만 지금도 중요한 주제라고 할 수 있습니다. 하지만 이런 경향에 대해 정반대로 생각한 사상가들이 있습니다.

예를 들어 프랑스의 대표적인 현대 사상가 미셸 푸코는 『지식의 고고학 L'archéologie du savoir』에서 정체성에 대해 강하게 비판하고 있습니다. 그는 서론에서 다음과 같이 토로합니다.

내가 누구인지 묻지 말라. 동일한 상태에 머물러 있으라고 말하지 말라. 동일함이란 호적의 도덕이며 이 도덕이 신분증명서를 지배한다. 쓴다는 것이 문제가 될 때는 여기에서 자유로워져야만 한다.

_미셸 푸코,『지식의 고고학』

이러한 생각은 정체성을 금과옥조로 여기는 사람들에게 의심스러운 주장으로 비칠 것입니다. 하지만 정체성을 중시하지 않는 주장은 오늘날 드물지 않습니다. 예를 들어 '분열증schizophrenia'을 모델로 삼은 들뢰즈와 가타리의 『안티 오이디푸스』는 소리 높여 이렇게 선언합니다.

주체는 주변에 존재하며, 고정되고 일정한 자기 동일성(신상)을 갖지 않는다. 이는 늘 중심에서 벗어나며 자신이 통과하는 모든 상태에서 끌려 나오는 것에 지나지 않는다.

_들뢰즈·가타리,『안티 오이디푸스』

여기서는 자기 동일성에 그치는 주체가 아닌, 끊임없이 분열하고 다양한 방향에서 어긋나는 '분열하는 인간'이야말로 새로운 인간상으로 제시되고 있습니다. 실제로 이는 현대인들에게 잘 받아들여지는 특성입니다. 이를 표현하는 말이 '캐릭터'라고 할 수 있습니다. '놀림받는 캐릭터'라든가 '성실한 캐릭터' '순진하지만 어딘지 좀 모자란 캐릭터' '사람의 마음을 잘 어루만지는 캐릭터' 등을 시작으로 젊은 사람들 사이에서 많은 캐릭터가 사용되고 있습니다. 또 캐릭터가 분명한 사람은 주변에서도 잘 인정받는 모양입니다.

이 캐릭터에는 '성격' '인격'이라는 뜻도 있지만 여기서는 최근이 말이 사용되는 방식에 주목해 보겠습니다. '소설이나 드라마, 만화 등의 등장인물이나 역할'을 캐릭터라고 하는데, 이와 마찬가지로 인간관계에서 역할을 가공으로 연기할 때 캐릭터라는 말을 씁니다. 예를 들어 '놀림받는 캐릭터'는 어디까지나 연기하는 역할이며, 연기하는 당사자나 주변 사람들은 이 사실을 이해하고 있습니다. 캐릭터란 어디까지나 '놀이'이고 진지하게 받아들여서는 안 됩니다.

예전에는 '정체성의 확립'을 진지하게 추구하던 시기도 있었습니다. 하지만 오늘날에는 그렇게 진지한 인격이 아니라 놀이에 가까운 캐릭터를 연기하는 게 일상적인 풍경이 되었습니다. 그때그때에 맞춰 캐릭터를 연기하면서 소통하는 것이야말로 우리가 살아가는 방식입니다. 그렇다면 그 사람의 정체성은 소멸한 것일까요?

다른 사람과 의사소통이 가능하려면 ?

자유와 평등 | 감시 사회 | 로봇 | 뇌 과학

정체성 | **의사소통** | 복제 | 환경

×

'권력 없는 의사소통'이라는 이상은 그야말
로 환상임을 알 수 있을 것입니다. 의사소
통은 권력관계에서 생겨나며 권력관계를
이용하거나 반발하면서 권력관계에 영향
을 미칩니다. 이 사실에 대한 자각 없이 의
사소통을 강조하면 그야말로 권력관계를
강화하게 될 뿐이지 않을까요?

나는 제대로 의사를 전달하고 있을까?

의사소통 행위와 전략적 행위

요즘 일본에서는 취업을 준비 중인 대학생들에게 '의사소통 능력'을 요구합니다. 게다가 최근에는 이런 경향이 청소년에게까지 반영되어 입시에서도 의사소통 능력을 평가하는 모양입니다. 취업 준비뿐만 아니라 입시에서도 다른 사람과 원만한 의사소통을 할 수 있는지를 보기 시작한 것입니다. 그런데 '의사소통 능력'이란 과연 무엇일까요?

인사를 잘한다거나 어떤 사람과도 이야기를 나눌 수 있다는 뜻일까요? 아니면 상대방의 이야기를 이해하고 자신의 의사와 생각을 잘 표현하는 것일까요? 혹은 여러 사람의 입장과 이해를 조정하고 협동할 수 있게 하는 것일까요? 이런 능력은 분명 원만한 대인 관계를 이루는 데 유효할지도 모릅니다. 일의 성격에 따라 이런 능력이 꼭 필요한 경우도 있을 것입니다.

하지만 원만한 대인 관계를 이루고 일의 능률을 높이는 것이 의사소통일까요? 왜냐하면 『의사소통 행위 이론Theorie des kommunikativen handelns』을 쓴 독일의 철학자 위르겐 하버마스는 이를 두고 의사소통 행위가 아니라 '전략적 행위'라고 부를 것이기 때문입니다. 그렇다면 오늘날 나날이 중요시되는 의사소통 능력이란 과연 의사소통을 위한 것인지 의문이 생겨납니다. 그러므로 의사소통 능력을 전제하지 않고 의사소통이란 대체 무엇인지 다시 생각해 봐야만 합니다.

우선 방금 언급한 하버마스의 의사소통 이론을 살펴보겠습니다. 하버마스에 따르면 사회적 행위는 '전략적 행위'와 '의사소통 행위'로 나뉘는데, '전략적 행위'는 성과 지향적인 태도를 취하면서 상대방에게 영향을 미쳐 자기 생각대로 성과를 얻고자 합니다. 이에 비해 '의사소통 행위'는 이해 지향적인 태도를 취하면서 서로 이해하고 합의에 도달하고자 합니다. 똑같이 언어를 사용하지만 전략적 행위와 의사소통 행위는 지향하는 바가 전혀 다릅니다.

예를 들어 교사가 수업을 하다가 학생들에게 설명하기 위해 도서관에 있는 책이 필요해졌다고 해봅시다. 그때 교사가 한 학생을 시켜 도서관에서 책을 빌려 오라고 말합니다. "수업 중에 미안하지만 지금 바로 도서관에 가서 책을 빌려 오세요." 이 말을 의사소통 행위라고 할 수 있을까요?

만약 교사와 학생이 서로의 의사를 이해하기 위해 한 말이었다면 의사소통 행위라고 할 수도 있을 것입니다. 학생이 교사의 말을 당연하게 여겼다면 "예, 금방 다녀오겠습니다"라고 말할 것입니다. 혹은 교사의 말에 의문을 품고 "왜 제가 수업 중에 도서관에 가야 하는데요?"라고 질문하겠죠. 어느 경우든 교사와 학생이 서로를 이해하려 하는 한 의사소통 행위라고 할 수 있습니다.

그런데 교사가 어느 학생을 교실에서 내보낼 목적으로 '도서관에서 책을 빌려오라'고 했다면 교사는 자신의 목적(학생을 내보냄)을 실현하기 위해 말을 이용한 것입니다. 하버마스는 그런 행위를 전략적 행위라고 하고 의사소통 행위와 구별합니다.

목적이 있다면 의사소통이 아니다

전략적 행위와 의사소통 행위를 구별하는 배경에는 전략적 행위에 대한 하버마스의 비판적인 관점이 깔려 있습니다. 하버마스는 현실 세계에서 의사소통 행위가 줄어들고 전략적 행위가 계속 늘어나고 있다고 생각합니다. 사람들이 서로를 이해하고 알아나

가는 것이 아니라 자신의 목적을 위해 타인을 이용하고 도구화한다는 것입니다.

이런 상황을 하버마스는 '왜곡된 의사소통'이라고 부릅니다. 원래 의사소통은 사람들이 서로를 이해하기 위한 것인데 거꾸로 자신의 목적을 실현하려고 타인을 도구화하는, 즉 왜곡된 의사소통이 일어나는 것입니다. 이런 현상을 두고 하버마스는 '이상적인 의사소통'이라는 개념을 제시합니다. 단 여기서 '이상적'이란 현실과 동떨어진 이상이 아니라 현실에 있을 법한 이상이라는 점에 주의해야 합니다. 하버마스는 다음과 같이 이야기합니다.

> 우리가 발화 행위(와 통상적인 행위)를 수행할 때는 이상적인 발화 상황(혹은 순수 의사소통 행위의 모델)을 단순한 허구로 보지 않고 어디까지나 현실적인 것처럼 반사실적反事實的으로 행동한다(그렇기에 우리는 이를 가정이라고 한다). 이는 가능한 담화의 구조에 속한다.
>
> _위르겐 하버마스,
> 「의사소통 행위 이론을 위한 예비적 고찰Vorbereitende Bemerkungen zu einer
> Theorie der kommunikativen Kompetenz」

예를 들어 상사가 불합리한 명령을 해도 보통은 내게 이익이 된다고 보고 때로는 아부도 하면서 따를 것입니다. 이런 대화는 말할 필요도 없이 전략적 행위로 수행됩니다. 하지만 상사가 터무니없는 명령을 하면 "왜 제가 그렇게 해야 하나요?"라고 반론하면서 내 생각이 정당함을 주장할 것입니다. 이럴 때 내가 근거로 삼는 입장이 이상적인 의사소통이라고 할 수 있습니다. 즉 내가 정당하다고 생각하고 반론하거나 항거할 때 대개 이 입장을 근거로 삼습니다.

이러한 이상적인 의사소통의 입장에서 현실의 왜곡된 의사소통을 비판하는 것이 하버마스의 기본적인 자세입니다. 이는 어떤 의미에서 지나치게 '고지식한 의사소통'이라고 할 수 있습니다. 그런데 이 고지식한 의사소통이 왜곡된 현실을 변혁할 수 있을까요?

이상적인 의사소통은 현실적으로 불가능하다

여기서 이상적인 의사소통이라는 가정에는 '권력 대 의사소통'이라는 이항 대립 도식이 전제되어 있다는 사실에 주목해 보고자 합니다. 이 도식에 따르면 인간은 원래 의사소통으로 서로를 이해해야 하는데 현실의 권력관계에 따라 전략적 행위가 비대화됩니다. 한편으로는 전략적 행위를 하는 현실이 존재하고 여기서는 권력관계에 따라 의사소통이 왜곡됩니다. 다른 한편으로는 상호 이해를 목표로 삼는 의사소통 행위가 존재하고 서로 논의하는 이상적인 인간관계를 요청합니다.

'권력'과 '의사소통'이라는 이항 대립에 관해 두 가지 확인해 두어야 할 사항이 있습니다. 하나는 현실의 권력관계가 이른바 타락한 형태(왜곡된 의사소통)로서 긍정적인 요소가 인정되지 않는다는 점입니다. 그러나 전략적인 행위를 모두 부정하는 것은 비현실적입니다. 오히려 대부분의 일상생활은 전략적인 행위에 의해 성립한다고 할 수 있습니다. 그렇다면 전략적 행위를 보다 중시해야 할 필요가 있을 것입니다.

또 하나는 의사소통이 이상화되면서 인간관계에서는 지극히 성실한 공동체가 요청됩니다. 이는 하버마스가 이상적인 의사소통의 모델로 자유롭고 평등한 사람들의 '토의'를 생각했다는 점에서도 알 수 있습니다. 하버마스는 이렇게 이야기합니다.

우리는 어떤 토의에서도 이상적인 발화 상황을 서로 가정한다. 이상적인 발화 상황의 특징은 이 상황의 모든 조건하에 달성되는 합의는 그게 무엇이든 그 자체가 진정한 합의로서 타당성을 가질 수 있다는 것이다.

_하버마스,「의사소통 행위 이론을 위한 예비적 고찰」

하지만 이렇게 고지식하기까지 한 토의에 얼마나 많은 사람이 매력을 느낄까요? 아무래도 현실과 동떨어진, 명분과 원칙뿐인 이상론처럼 보입니다. 게다가 하버마스가 요구하는 토의는 극히 일부의 사람만이 할 수 있는 것 같습니다. 즉 지적인 엘리트 계층만 할 수 있지 않을까요? 그렇다면 이 이상적인 의사소통에는 권력관계가 잠재해 있을 것입니다. 그렇다면 토의에 권력관계가 포함되어 있지 않다고 볼 수는 없습니다.

이렇게 생각하면 권력관계와 의사소통을 별개로 취급해 이들을 완전히 분리할 수는 없습니다. 오히려 의사소통에는 언제나 이미 권력관계가 포함되어 있습니다. 이를 명백히 밝힌 사람이 미셸 푸코입니다.

소통으로 사회가 바뀔 수 있을까?

모든 사람은 권력관계에 놓여 있다

지금까지 '권력'이라는 말을 아무런 설명 없이 사용했는데 권력이란 무엇을 의미할까요? '권력'은 일상적으로 사용하는 말이므로 대개 뜻을 알고 있다고 생각할 것입니다. 예를 들어 '국가 권력'은 '국민 위에 군림하는 강제력'이라는 뉘앙스가 포함되어 있습니다. 또 "저 사람은 권력자다"라고 말할 때, '권력자'란 '타인을 자기 뜻대로 움직일 수 있는 사람'을 가리킵니다.

이런 점에서 '권력'이란 특별한 기관이나 개인이 소유하는 강제적인 힘이며, 위에서 아래로 작동한다는 이미지를 갖고 있습니다. 이런 이미지에 따르면 권력은 정치적인 현상으로 구체적인 일상생활과 관련이 없는 것처럼 보입니다. 국가에 반역하거나 권력자에게 반항하지 않는 한 우리는 권력과 아무런 관계가 없다고 생각할 것입니다.

그런데 푸코는 이런 식으로 비치는 권력에 이의를 제기하고 그야말로 새로운 권력 개념을 제창했습니다. 푸코에 따르면 '권력의 표상은 변함없이 왕정의 이미지에 사로잡혀' 있습니다. 권력이란 금지나 처벌처럼 부정적인 폭력으로서 위에서 사람들을 탄압하거나 지배하는 것이라고 여겨졌습니다. 하지만 이런 권력 개념으로는 근대 이후의 사회를 이해할 수 없으며 무엇보다 우리의 구체적인 생활을 파악할 수 없을 것입니다. 왜냐하면 오늘날에는 특별한 이유가 없는 한, 위에서 아래로 작동하는 강제력을 거의 실감하지 못하기 때문입니다.

그러므로 오늘날의 권력을 분석하려면 전혀 다른 식으로 이해해야만 합니다. 푸코가 제시한 권력 개념은 다음과 같습니다.

내가 보기에 권력은 우선 작용 영역에 내재하고 조직을 구성하는 다수의 세력 관계 …… 로 이해되어야 할 듯하다.

_미셸 푸코, 『성의 역사 1 Histoire de la sexualité.V.01』[16]

이 부분만 보면 확실히 드러나지 않지만 기본적인 관점은 인간관계가 존재하는 모든 곳에는 권력이 작동한다는 것입니다. "권력은 모든 순간, 모든 지점에서 …… 발생한다. 권력은 도처에 있다"라고 푸코는 말합니다. 그러므로 권력은 '위에서 아래로 억압적으로 작용한다'기보다 '아래로부터 나온다'고 합니다. 따라서 구체적인 인간관계가 존재하는 곳에는 늘 권력관계가 작용합니다. 예를 들면 식탁에 둘러앉은 부모와 자식 사이에도, 수업을 하고 있는 교사와 학생 사이에도 권력관계가 존재합니다.

'권력 없는 의사소통'은 환상에 불과하다

이처럼 권력이 구체적인 인간관계 안에 늘 작용하고 있다면 의사소통과 권력을 완전히 분리할 수는 없을 것입니다. 푸코는 「주체와 권력The Subject and Power」이라는 글에서 다음과 같이 이야기합니다.

의사소통 관계는 …… 목적성이 있는 활동을 포함하고 있으며 파트너 사이의 정보 영역을 수정함으로써 권력 효과를 생성한다. 의사소통 관계는 …… 권력의 행사를 수용하고, 스스로의 가능성을 확장하기 위해 권력관계 …… 에 의지하며, 어찌 됐든 일정한 목적성이 있는 활동과 분리할 수 없다.

_미셸 푸코, 「주체와 권력」

앞에서 하버마스를 이야기하면서 예로 든 교사가 학생에게 도서관에서 책을 빌려 오라고 시키는 경우를 생각해 봅시다. 하버마스 또한 교사가 어느 학생을 교실에서 내보내려고 전략적 행위로서 이렇게 말했다면 이것이 권력관계라는 사실을 인정합니다. 그렇다면 의사소통 행위로서 이렇게 말할 때는 어떨까요?

수업 중에 급히 책이 필요해졌다 해서 교사가 빌려 오라고 말할 때 권력관계가 없다고 할 수 있을까요? 여기서 교사와 학생 사이에서 이 말이 어떻게 실행되는가를 확인해야만 합니다. 말할 필요도 없이 이 관계는 결코 평등하지 않습니다. 어쩌면 학생은 성적 평가 때문에 교사의 명령을 기꺼이 따를 것입니다. 또 다른 학생은 교사가 부정적인 평가를 내릴까 두려워서 마지못해 명령을 따를 것입니다. 어떤 경우든 이런 행위에는 권력관계가 영향을 미치고 있습니다.

물론 이런 학생들의 반응은 의사소통 행위가 아니라 전략적 행위라고 할 수 있습니다. 하지만 이런 행위를 무시하고 '의사소통 행위'를 추켜세우는 건 현실을 무시한 처사입니다. 왜냐하면 현실에서는 언제 어디에서나 사전에 권력관계가 작동하여 의사소통 행위의 기반이 되어 있기 때문입니다.

여기서 아래에 인용할 푸코의 글 가운데 '담론'이라는 말을 '의사소통'으로 바꾸어 읽어 봅시다. 그러면 권력과 의사소통을 분리

할 수 없음이 명백해질 것입니다.

> 한쪽에 권력의 담론이 있고 맞은편에 권력의 담론과 대립하는 또
> 다른 담론이 있는 것은 아니다. 담론은 세력 관계의 영역에서 전술
> 적 요소 또는 연합이(다).
>
> _푸코, 『성의 역사 1』[17]

이렇게 생각하면 '권력 없는 의사소통'이라는 이상은 그야말로
환상임을 알 수 있을 것입니다. 의사소통은 권력관계에서 생겨나
며 권력관계를 이용하거나 반발하면서 권력관계에 영향을 미칩니
다. 이 사실에 대한 자각 없이 의사소통을 강조하면 그야말로 권
력관계를 강화하게 될 뿐이지 않을까요?

의사소통으로는 극복할 수 없는 현실

푸코의 권력론은 현대 사상에서 가장 화제가 되었던 논의 가운
데 하나입니다. 그 이유는 푸코의 권력 개념이 현대 사회의 특징
을 분명히 드러냈기 때문입니다. 오늘날에는 예전처럼 폭력적인
정치 지배가 많이 줄어들었고 권력의 소재도 분명하지 않습니다.
특히 자유롭고 민주적인 사회에서는 권력이라는 말을 실감하기

어려워졌습니다.

위에서 억압적으로 작용하는 권력은 눈에 띄지 않게 되었지만 권력이 소멸되지 않았음은 분명합니다. 오히려 구체적인 인간관계 안에서 다양한 권력이 작용하고 있습니다. 푸코는 이러한 인간관계에 널리 퍼져 있는 다양한 권력관계를 분명히 밝혔습니다.

그런데 푸코의 권력론이 널리 인정받으면서 기본적인 난문이 드러나기 시작했습니다. 이는 권력론에만 해당되는 난문이 아니라 현대 사회 자체가 안고 있는 난문이라고 할 수 있습니다. 이 난문은 어떤 것일까요? 푸코는 권력론의 특징 가운데 하나를 다음과 같이 정리했습니다.

권력이 있는 곳에 저항이 있지만, 더 정확히 말해서 바로 그렇기 때문에 저항은 권력에 대해 결코 외부에 놓이는 것이 아니다.

_푸코,『성의 역사 1』[18]

푸코의 입장에서 이 논점은 필연적인 귀결이라고 할 수 있습니다. 그런데 이 논점은 실천적인 행위와 관련해 중대한 문제를 일으킵니다. 과연 어떤 문제일까요?

위 인용의 앞부분만 보면 권력에 대한 저항의 가능성을 말하는 것처럼 보입니다. 그런데 뒷부분에서는 저항이 막다른 골목에 부딪힘을 암시합니다. 즉 앞부분은 '권력이 있는 곳에 저항이 있다' 고 말하지만 뒷부분은 '저항이 있는 곳에 권력이 있다'고 표현할 수 있기 때문입니다. 푸코는 다음과 같이 자문합니다.

> 누구라도 필연적으로 권력 '안에' 있다고, 누구도 권력에서 '벗어 나지' 못한다고, 권력과 관련하여 절대적 외부는 존재하지 않는다 고 말해야 할까?
>
> _푸코, 『성의 역사 1』[19]

이에 대해 푸코가 명확한 답을 한 것 같지는 않습니다. 실제로 『성의 역사 1』에서 이 물음을 제시한 이후 그는 오랫동안 집필 활동을 중단합니다. 푸코는 권력의 바깥으로 나가는 길을 스스로 폐쇄한 듯합니다. 이 사실은 무엇을 의미할까요?

이는 실천적인 목표로서 '유토피아적인 미래'를 묘사할 수 없게 되었음을 뜻합니다. 하버마스는 권력이 지배하는 현실에 대해 의사소통의 유토피아를 제출할 수 있었습니다. 하지만 푸코에 따르면 그런 유토피아 또한 권력관계에 불과합니다. 권력관계에서 탈출하기란 불가능합니다. 그렇다면 현실의 권력관계에 과연 어떻게 대처해야 좋을까요? 어떻게 하면 현실을 바꿀 수 있을까요? 푸코의 권력론에서는 답은커녕 방향조차 보이지 않습니다.

나에게 필요한 의사소통은?

대화의 맥락을 이해하기, 메타 의사소통

여기서 의사소통 자체로 돌아가 현실에 대한 실천적인 방향을 탐구해 봅시다. 이를 위해 문화인류학자 그레고리 베이트슨^{Gregory Bateson}의 '의사소통론'을 다루겠습니다. 왜냐하면 푸코 자신이 「주체와 권력」에서 이렇게 말하고 있기 때문입니다.

근대 권력 구조에서 이러한 종류의 '이중 구속^{double bind}'을 배제하기 위해 우리가 무엇이 될 수 있는가를 상상하고 구축해야만 한다.

_푸코,「주체와 권력」

여기서 푸코가 사용하고 있는 '이중 구속'이라는 개념은 베이트슨이 의사소통론에서 발표한 말입니다. 푸코는 위 글에서 베이트슨을 언급하지는 않았지만 베이트슨의 개념을 이용한 것은 분명합니다. 그뿐만 아니라 베이트슨의 의사소통론은 푸코에게도 중요한 방향성을 제시한 듯합니다. 여기서는 우선 베이트슨의 의사소통론을 살펴보겠습니다.

베이트슨의 의사소통론에서 주목해야만 하는 부분은 그가 의사소통의 계층성을 생각하고 있다는 점입니다. 즉 의사소통에는 '메타 의사소통meta communication'이 포함되어 있습니다. '메타 의사소통'이란 문자 그대로 말하자면 '의사소통에 관한 의사소통'인데, 구체적인 예를 들어 좀 더 쉽게 이해해 보겠습니다.

가령 '고양이가 깔개 위에 앉아 있어'라는 문장을 누군가에게 말했을(의사소통) 때, 여기에는 '내가 고양이가 있는 장소를 가르쳐 준 것은 친근감의 표시이다'라는 메시지(메타 의사소통)도 포함되어 있습니다. 또는 아이가 집에 늦게 돌아왔을 때 부모가 "지금 몇 시니?"라고 묻는 건 단지 시간이 궁금해서가 아닙니다. 이때 아이가 "열한 시예요"라고 대답하면 부모는 당연히 화를 낼 것입니다. 부모가 전하려는 메시지는 '좀 더 일찍 집에 들어와라'이기 때문입니다.

이런 식의 의사소통은 특별한 일이 아니며 우리 일상에서 늘 일어납니다. 그러므로 의사소통을 하려면 무엇보다 메타 의사소통을 이해할 필요가 있습니다. 예를 들어 남자로부터 "사귀고 싶다"라는 말을 들은 여자가 "친구로서 만났으면 좋겠다"라고 했을 때 남자가 메타 의사소통을 이해하지 못한다면 어떻게 될까요? 연인이 되었다고 좋아하는 사람은 없기를 바랍니다.

의사소통과 메타 의사소통이 불일치하면?

베이트슨은 이 메타 의사소통론을 사용해 '이중 구속' 개념을 제창합니다. 베이트슨은 원래 '정신 분열증'이라는 마음의 병을 설명하기 위해 이 개념을 제시했습니다. 베이트슨은 의사소통의 구조에서 정신 분열증의 발생 과정을 해명하려 했습니다. 단 정신 분열증도 다양한 유형이 있으므로 간단히 설명할 수는 없지만 여기서는 '망상이나 환각을 동반하는 마음의 병 가운데 하나'로 정의하겠습니다. 그런데 이 병이 의사소통과 어떤 연관이 있을까요?

베이트슨은 의사소통의 메시지와 메타 의사소통의 메시지가 모순되는 상황에 착안했습니다. 어린아이가 이런 모순에 갇혀 벗어나지 못할 때 '이중 구속' 상태에 빠집니다. 베이트슨이 제시한 예를 조금 변형해 구체적으로 살펴보겠습니다.

어린아이가 어머니 앞에서 피아노 연습을 하고 있는 장면을 떠올려 봅시다. 연주를 잘하지 못한 아이는 어머니에게 야단을 맞습니다. 그런 다음 다시 연습을 시작하지만 역시 연주를 잘하지 못합니다. 그때 어머니가 이렇게 외칩니다. "그만해라! 그런 연주는 듣고 싶지 않아!" 아이가 깜짝 놀라 피아노 연습을 그만두자 어머니가 또 야단을 칩니다. "치지 않고 뭐 하니?" 그래서 아이가 다시 피아노를 치기 시작하니까 어머니가 또 "그렇게 치려면 하지 마! 듣고 싶지 않아!"라고 다시 화를 냅니다. 이때 아이는 이중 구속 상태에 처해 있습니다.

어머니는 '그런 피아노 연주는 듣고 싶지 않다'는 메시지를 발신했습니다. 이 메시지를 문자 그대로 받아들이면 피아노를 더 이상 치지 않아야 합니다. 실제로 아이는 그렇게 했습니다. 그런데 연습을 중단했더니 '빨리 쳐라'라는 야단을 맞았습니다. 즉 피아노를 쳐도 야단맞고 치지 않아도 야단맞습니다. 이것이 '이중 구속'입니다.

이중 구속을 되도록 알기 쉽게 설명했는데 정도에 차이는 있어도 이런 경험은 다들 해봤을 것입니다. 문제는 어린 시절부터 매우 심각한 이중 구속 상태를 반복적으로 경험하고 게다가 거기서 벗어나지 못하는 경우입니다. 베이트슨은 이런 '이중 구속'에서 '정신 분열증'이 발생함을 설명하려 했습니다.

여기서 알 수 있듯이 이중 구속이란 의사소통과 메타 의사소통에서 서로 모순되는 메시지가 발신될 때 일어납니다. 부모가 웃음 띤 얼굴로 아이에게 "이리 와봐"라고 부른 다음 아이가 다가가면

화를 낸다고 해봅시다. 이런 경험을 한 아이는 부모와 제대로 의사소통을 할 수 없게 될 것입니다.

의사소통에도 융통성이 필요한 순간이 있다

베이트슨의 메타 의사소통은 부정적인 이중 구속만 설명하는 것이 아닙니다. 그는 메타 의사소통이라는 개념에서 '놀이'와 '농담'이라는 행위도 논하고 있기 때문입니다. 놀이와 농담은 인간관계에서 적극적인 의미를 갖는데 과연 메타 의사소통과는 어떤 연관이 있을까요?

'전쟁놀이'를 하는 아이들을 떠올려 봅시다. 이 놀이를 하는 아이들은 언뜻 싸우는 것처럼 보일 수 있습니다. 발로 차거나 주먹으로 때리는 시늉을 하면 지나가던 선생님이 "너희들, 싸우면 안 된다!"라고 주의를 줄지도 모릅니다. 그러면 아이들은 분명 이렇게 대답할 것입니다. "선생님, 저희는 싸우는 게 아니에요. 그냥 노는 거예요!"

그렇다면 이때 '놀이'란 무엇일까요? 베이트슨은 다음과 같이 이야기합니다.

놀이라는 이 현상은 …… 메타 의사소통, 즉 '이것은 놀이다'라는 메시지를 전달하는 신호를 교환하는 것이 가능한 경우에만 발생할 수 있다.

_그레고리 베이트슨,『마음의 생태학 Steps to an Ecology of Mind』[20]

그런데 '이것은 놀이다'라는 메시지란 과연 무엇일까요? 베이트슨은 다음과 같이 표현하고 있습니다.

지금 우리가 하는 이 행동들은 그것들이 의미하는 행동들이 표시하는 것을 표시하시 않는다.

_베이트슨,『마음의 생태학』[21]

이 표현은 이른바 '거짓말쟁이의 역설(참 또는 거짓으로 정확히 증명할 수 없는, 문장 안에 자기모순을 내포하고 있는 경우—옮긴이 주)'과 같은 형식을 취하고 있는데 이에 대해서는 언급하지 않겠습니다. 여기서는 '놀이'로서의 '전쟁'은 분명 전쟁이라는 행위를 나타내고 있지만, 그 전쟁이라는 행위가 나타내야만 하는 것을 '나타내고 있지 않다'는 점을 이해했으면 합니다. 왜냐하면 전쟁놀이는 실제로 전쟁하는 것이 아니기 때문입니다. 즉 전쟁놀이는 전쟁처럼 보이지만 전쟁하고 있는 것이 아닙니다.

이를 의사소통과 메타 의사소통이라는 말로 설명해 보겠습니다. 의사소통 차원에서 보면 전쟁놀이는 말 그대로 전쟁이라는 메시지를 내보냅니다. 하지만 메타 의사소통의 차원에서는 그 메시지를 부정하고 전쟁이 아님을 나타냅니다. 전쟁이면서 '전쟁이 아니다'라는 사실이 의사소통과 메타 의사소통을 통해 가능해집니다.

'농담' 또한 같은 구조를 취합니다. 예를 들어 농담으로 "한 대 때렸으면 좋겠다!"라고 했다고 합시다. 이 말이 농담인 이상 정말로 '한 대 때리고 싶다'고 생각하는 게 아닙니다. '한 대 때리고 싶어!(메타 의사소통)'라는 말은 '한 대 때리고 싶다(의사소통)'를 의미하지 않습니다.

이런 논의를 보면 의사소통과 관련해 다음과 같은 점이 잘 드러납니다. 놀이나 농담이라는 메타 의사소통을 이용하면 고정적인 의사소통에서 벗어나 융통성을 발휘할 수 있게 됩니다. 이를 '융통성의 전략'이라고 부르겠습니다. 의사소통에는 하버마스처럼 고지식한 전략이 있는가 하면 융통성의 전략도 있습니다. 또는 현실 사회에 도움이 되는 의사소통도 있습니다. 갖추어야 하는 의사소통 능력 또한 어떤 의사소통을 바라는가에 따라 달라집니다. 여러분은 어떤 능력을 갖추고 싶습니까?

질문
07

이제는
복제도
창작의 수단이지
않을까
?

자유와 평등 | 감시 사회 | 로봇 | 뇌 과학
정체성 | 의사소통 | **복제** | 환경

×

복사해 붙여 넣기를 할 가능성이 늘 존재
하기 때문에 자신의 독창적인 생각을 새롭
게 형성하는 것도 가능해집니다. '복사해
붙여 넣기를 하는 지성'이야말로 현대 사회
의 조건인 것입니다.

복제는 정말 나쁜 일일까?

복제가 난무하는 세상

대학생들 사이에 인사만큼이나 익숙해진 말이 있습니다. 여러분은 '구글링해서 복사해 붙여 넣기(이하 복붙−옮긴이 주)'라는 말을 알고 있습니까? 이 말을 모르는 이들을 위해 설명하자면 구글에서 검색한 정보를 복사한 다음, 자기 글에 붙여 넣는다는 뜻입니다. 실제로 대학생들에게 과제를 내면 이런 식으로 작성한 보고서가 넘쳐납니다.

딱히 대학생만 그러는 건 아닙니다. 초등학생이나 중학생이 독서 감상문을 쓸 때도 인터넷 서점의 독자 서평을 긁어와 붙이거나 조금 변형하는 '꼼수'를 쓰기도 합니다. 요즘은 이런 복붙을 도와

주는 전문적인 사이트까지 있습니다.

복붙은 원래 자기 글을 편집할 때 종종 사용됐습니다. 복붙을 사용하면 문장이나 문단을 그대로 가져오면서 순서를 바꿀 수 있어 원고를 쉽게 고칠 수 있습니다. 그런데 인터넷이 발달하면서 야후나 구글 등 검색 사이트가 등장해 상황이 순식간에 바뀌었습니다. 그전까지는 보고서를 제출하려면 필요한 책을 사거나 도서관에서 자료를 조사해야 했습니다. 그래도 좀처럼 필요한 정보를 얻지 못해 보고서를 작성하기가 꽤 힘들었습니다.

하지만 그런 고생은 이미 옛날이야기가 됐습니다. 요즘은 컴퓨터를 켜고 구글에서 검색하면 필요한(것 이상의) 정보를 얻을 수 있습니다. 주요 단어 몇 개를 입력해 검색하면 그 즉시 수많은 정보가 화면에 나타납니다. 나머지는 그 정보들 가운데 과제에 적합한 부분을 복사해 자기 글에 붙여 넣으면 그만입니다. 간단할 뿐만 아니라 깔끔하게 완성됩니다. 손으로 쓴 보고서에 비해 한 단계 격이 높아진 것처럼 보이기도 합니다.

이처럼 컴퓨터와 인터넷의 보급으로 정보 네트워크가 형성되자 대학생의 보고서 작성법이나 어린아이들이 숙제를 하는 방식도 변했습니다. 이런 상황에 직면한 교사들의 비명이 들립니다. 잡지나 텔레비전에서는 종종 복붙의 폐해를 다룹니다. 그렇다면 이렇게 만연한 복붙에 어떻게 대응해야 좋을까요?

가장 쉬워 보이는 해결책은 이를 부정행위나 표절로 간주해 철저히 금지하는 것입니다. 복사해 붙여 넣은 부분 찾아내기에 밤낮없이 몰두하는 선생님도 있다고 합니다. 실제로 복붙을 찾아내는 소프트웨어를 개발해 효과를 보고 있다는 보고도 있습니다. 분명 학생들의 보고서 수준이라면 그런 부분들을 쉽게 찾아낼 수 있을지도 모릅니다. 하지만 이것을 찾는 데 열을 올리는 게 중요할까요? 복붙의 어떤 점이 나쁜 걸까요?

컴퓨터가 없었던 시절의 학생들은 구입한 책이나 도서관의 자료에서 필요한 정보를 발췌해 적고(잘라 내기 및 복사하기), 이를 보고서 용지에 손으로 적었습니다(붙여 넣기). 그렇다면 이는 복붙과 어떻게 다를까요? 원시적인 기술이었지만 그들이 했던 행위는 오늘날의 복붙과 똑같지 않습니까?

지성을 갖춘 교수도 예외는 아니다

그보다 심각한 문제가 있습니다. 예를 들어 어느 교수가 복붙을 한 학생을 불러 "이것은 부정행위나 마찬가지이므로 해서는 안된다"라고 타일렀다고 해봅시다. 이때 학생이 다음과 같이 반론한다면 어떨까요? "선생님 논문도 다른 (외국) 학자의 논문을 복사해 붙여 넣으신 거잖아요. 제 보고서랑 무슨 차이가 있는데요? 제 보고서가 잘못이라면 선생님 논문도 마찬가지겠네요." 이 학생의 반론에 제대로 대답할 수 있는 교수는 몇 명이나 될까요?

어느 저명한 독일의 학자가 1000쪽이 넘는 대작을 썼습니다. 그런데 이 책을 두고 종종 이런 농담이 거론됩니다. "저자의 생각을 표현한 부분은 50쪽이면 되고, 그 외에는 전부 다른 책을 인용(복붙)했을 뿐이다!" 이는 특별한 경우가 아니고 얼마든지 있을 수 있는 일입니다.

여기서 이 문제가 학생의 보고서나 독서 감상문에만 그치지 않는다는 사실을 알 수 있습니다. 초등학교부터 고등학교까지는 교과서가 있기 때문에 교사가 교과서 내용을 그대로(복붙) 가르쳐야만 합니다. 교사가 자신만의 독창적인 생각을 가르치려 한다면 '편향된 교사'라고 비난받을지도 모릅니다. 게다가 교과서와 다른 독창적인 생각을 가진 교사가 몇 명이나 있을까요?

대학교에서는 지정된 교과서가 없고 교수가 독자적인 내용을 강의하는(한다고 간주되는) 경우도 있습니다. 학생은 강의를 들으며 열심히 노트에 받아 적어야만 합니다. 예전에는 문과에 이런 강의가 많고 시험을 볼 때는 서로 노트를 빌려 공부했습니다. 다른 사람의 노트를 손으로 베끼기도 했지만 복사기가 나오면서 쉽게 복사할 수 있게 됐습니다. 학생의 노트 자체가 강의를 베낀 것이지만, 사실 교수의 '독자적인 내용' 또한 누군가 다른 학자(대개 외국 학자)를 베낀 것 아닐까요?

그렇다면 복붙의 어떤 점이 나쁜지 점점 더 아리송해집니다. 복붙을 금지한 교수들 자신이 실제로는 복붙 식으로 강의하고 논문이며 책을 쓰고 있으니까요.

복제의 천재들

이번에는 보다 유명한 사람들을 살펴보겠습니다. 우선 조숙한 천재로 알려진 17세기 프랑스 사람 블레즈 파스칼Blaise Pascal을 예로 들어 봅시다. '파스칼의 삼각형'이라든가 '파스칼의 원리'는 초·중등학교 수학이나 이과 교과서에도 등장합니다. 그가 남긴 원고는 사후에 정리되어 『팡세Pensées』라는 책으로 출판되었습니다. 훌륭한 문장이 많아 자주 인용되며 '사람은 생각하는 갈대'라는 말은 이 책의 대표적인 명언입니다.

그런데 이 『팡세』에는 옛날부터 어떤 의혹이 따라다녔습니다. 같은 프랑스 사람으로서 16세기에 활약했던 미셸 몽테뉴Michel Eyquem de Montaigne의 『수상록Les Essais』을 베꼈다는 것입니다. 구체적인 예를 드는 방식이나 구성 방식 등이 비슷한 문장이 많아 파스칼이 『수상록』을 눈앞에 펼쳐 놓고 『팡세』를 쓴 게 아닌가 하는 의심을 받아 왔습니다.

예를 들자면 『팡세』에는 다음과 같은 부분이 나옵니다. "인간은 천사도 아니요, 동물도 아니다. 불행한 것은 천사를 흉내 내고 싶은 자가 동물을 흉내 내는 것이다."(358) 몽테뉴도 『수상록』에서 이와 거의 흡사한 이야기를 하고 있습니다. "그들은 자신으로부터 벗어나 인간에게서 탈출하려고 한다. 그것은 광기다. 천사로 변신하는 대신에 그들은 동물로 변한다. 자신을 향상시키기보다 그들은 스스로 품위를 떨어뜨린다."(3권 13장) 미국의 문학 평론가 해럴드 블룸Harold Bloom은 "파스칼은 표절 구성에 대한 글자 그대로의 개념으로 볼 때, 미국의 학교나 대학에서는 표절이라고 비난받았을 것이다"라고 말했습니다.

또 한 명의 천재인 셰익스피어를 살펴봅시다. 그의 『햄릿Hamlet』은 읽어 보지는 않더라도 제목 정도는 누구나 알고 있을 것입니다. 그런데 명작으로 이름 높은 이 작품에 실은 저본이 있다는 사실을 알고 있습니까? 셰익스피어의 『햄릿』이 나오기 10년도 더 전에 이미 『햄릿』이 극장에서 상연되고 있었습니다. 이 작품은 일반적으로 『원原 햄릿Ur-Hamlet』이라고 불리는데 셰익스피어가 이 『원 햄릿』을 바탕으로 자신의 『햄릿』을 썼다고 보고 있습니다. 즉 셰익스피어의 『햄릿』은 『원 햄릿』을 '복붙'한 것입니다.

일반적으로 이 『원 햄릿』의 작자는 토머스 키드Thomas Kyd로 추정하는데 셰익스피어라는 의견도 있습니다. 안타깝게도 『원 햄릿』

은 현재 존재하지 않기 때문에 정확한 사실은 알 수 없습니다. 하지만 누가 작자이든 간에 『햄릿』이 베낀 작품이라는 사실에는 변함이 없습니다. 왜냐하면 햄릿 이야기 자체가 프랑수아 드 벨포레 François de Belleforest의 『비극 이야기Histoires Tragiques』를 저본으로 삼았고, 이 작품은 오래전부터 내려오는 북유럽 전설을 바탕으로 삼고 있기 때문입니다. 기본적인 이야기의 줄거리는 옛날부터 전해 오고 있었습니다.

『햄릿』만 그런 것이 아닙니다. 『로미오와 줄리엣』도 아서 브룩 Arthur Brooke의 『로미우스와 줄리엣의 슬픈 이야기The Tragical History of Romeus and Juliet』를 저본으로 삼은 작품입니다. 지금은 셰익스피어의 작품 대부분에 저본이나 제재가 있었다는 것이 상식입니다. 셰익스피어는 이들을 참고해 작품을 다시 썼습니다. 이런 점에서 셰익스피어는 '복붙'의 천재라고 봐도 좋을 것 같습니다.

이렇게 보면 '복붙은 명작을 탄생시키는 원동력'이라고 말할 수 있지 않을까요? 복붙을 하지 않았다면 『팡세』도 『햄릿』도 나오지 못했을 것입니다. 그러므로 복붙을 손쉽게 부정하기에 앞서 좀 더 근본적으로 생각해 봐야만 합니다.

지금도 원본에 가치가 있을까?

복사물을 복사하는 사람들

복붙에 대한 비난에는 보통 '창작'과 '베낀 것'의 대립이 전제가 됩니다. 교수가 "학생의 보고서는 복붙을 한 거로군요"라고 말할 때 여기에는 '학생이 직접 쓴 게 아니다'라는 의미가 담겨 있습니다.

이러한 창작과 표절의 대립에 주목하면 두 가지 관계를 찾아낼 수 있을 것입니다. 하나는 창작물로부터 베낀 작품이 나온다는 것이고, 다른 하나는 창작이 베끼기보다 가치가 높다는 것입니다. 여기서는 우선 전자를 발생론적 관계라고 하고, 후자를 가치론적 관계라고 하겠습니다. 이렇게 말하면 어렵게 들리지만 그 내용은 다들 알고 있는 것입니다.

복사기를 떠올리면 이해하기 쉬울 듯합니다. 구체적인 예로 도서관에서 빌린 책을 복사한다고 가정해 봅시다. 이때 원본은 도서관에서 빌린 책이고 그 책에서 복사한 게 나온다는 사실은 분명합니다. 말할 필요도 없이 복사물을 손에 넣으려면 원본이 있어야만 합니다. 발생론적 관계로 보자면 '원본이 복사물보다 먼저'입니다. 이 사실은 너무나 당연해서 일부러 얘기할 필요도 없을 것 같습니다.

또 원본이 복사물보다 먼저라면 가치를 비교할 때 복사물보다 원본의 손을 들어 주어야겠지요. 복사물은 원본에서 파생하는 한, 원본보다 격이 떨어집니다. 한마디로 말하자면 복사물은 원본보다 가치가 낮습니다. 예를 들어 진품 〈모나리자Mona Lisa〉는 고가이지만 그 복사물(모사품)은 가짜로서 가치가 낮습니다. 원본은 존중받지만 이를 복사(모방)한 것은 거의 가치를 인정받지 못합니다.

하지만 원본과 복사물의 대립은 어느 시점까지 유지될까요? 왜냐하면 복사되는 책 자체가 원래 인쇄라는 복사 과정을 거쳤기 때문입니다. 그렇다면 도서관의 책을 복사하는 건 복사본(책)을 복사하는 게 아닐까요? 이는 복붙에도 마찬가지로 적용할 수 있습니다. 구글에서 검색해서 정보를 긁어 올 때 그 정보 자체가 원본인지는 알 수 없습니다. 실제로 그 정보는 다른 정보를 복붙한 것일 수도 있습니다. 복붙은 원본의 복사라기보다 복사물을 복사한 것이라는 표현이 더 적절할지도 모르겠습니다.

하늘 아래 새로운 것은 없다

여기서 명백해진 사실을 확인해 둡시다. 상식적으로는 원본에서 복사물이 생겨나는데 '원본'이라는 것 자체가 의심스러워졌습니다. 보다 쉽게 이해하기 위해 다시 한 번 셰익스피어를 예로 들겠습니다.

앞서 이야기한 것처럼 셰익스피어의 작품은 대부분 저본을 바탕으로 다시 쓴 것입니다. 예를 들어 『로미오와 줄리엣』은 아서 브룩의 『로미우스와 줄리엣의 슬픈 이야기』(이하 『슬픈 이야기』)가 바탕이 되었습니다. 그렇다면 브룩의 작품이 원본 아닐까요? 하지만 브룩의 작품 또한 마테오 반델로^{Matteo Bandello}의 단편 소설^{novella}을 다시 쓴 작품입니다. 그런데 이게 끝이 아닙니다. 마테오 반델로의 단편 소설에도 저본이 있으므로 그의 소설이 원본이라고 간주하기는 힘듭니다.

원본과 복사물을 한 쌍으로 묶어 생각하면 분명 발생론적·가치론적 관계가 성립하는 것처럼 보입니다. 하지만 원본이라 한들 실제로는 그 자체가 다른 원본을 베낀 거라면 어떻게 될까요?

이 관계를 이해하기 쉽도록 도식화해 보겠습니다. 복사물 ①에 대응하는 원본 ①이 있습니다. 그런데 원본 ①은 원본 ②에서 발생한 복사물 ②입니다

복사물 ①←원본 ①[=복사물 ②]←원본 ②[=복사물 ③]←원본 ③
[=복사물 ④]←원본 ④ ……

이 도식에서 알 수 있는 건 복제적 요소를 포함하지 않는 원본
은 없다는 사실입니다.

　프랑스의 사상가이자 비평가인 롤랑 바르트^{Roland Gérard Barthes}는 이
를 '작가의 죽음'이라는 말로 표현하고 있습니다. 바르트는 발자크
의 소설을 소재로 작품이 작가의 독창적인 창조물이라는 상식을
뿌리에서부터 뒤흔들었습니다. 보통 문학 작품을 독해할 때는 작
가가 마음에 품은 의도 등을 이해해야만 한다고 이야기합니다. 이
런 생각에는 작가만이 작품의 비밀을 안다는 가정이 전제되어 있
습니다. 하지만 바르트는 이런 생각에 이의를 제기했습니다.

　　텍스트는 다양하고 독창적이지 않은 쓰인 것들이 뒤섞이고 서로

　　부딪히는 다차원 공간이며 …… 셀 수 없는 문화의 많은 분야에서

　　가져온 인용들을 짜서 만들어진 천이다.

　　　　_롤랑 바르트,『서사의 구조분석Introducion a l'analyse structuale des recits』

우리는 작가가 남과 다른 생각을 독창적으로 표현한 것이 작품
이라고 믿어 왔습니다. 그러나 바르트에 따르면 작가가 창작했다

고 간주되는 작품은 사실 다른 사람들의 글을 '인용'해 엮어 만든 것입니다. 이를 표현하는 말이 '텍스트'입니다. 텍스트란 '엮은 것'을 의미하는 라틴어 텍스투스textus에서 유래했으므로 그야말로 '인용들로 엮은 것'을 뜻합니다.

모방은 창조의 어머니

여기서 복사나 모방이 과연 가치가 낮은가를 다시 생각해 봐야만 합니다. 우리는 어렸을 때부터 끊임없이 '창작이 훌륭하고 베끼기는 나쁘다'라는 가르침을 받았습니다. 이를 '원본에 대한 신앙'이라고 부르도록 합시다. 개성을 중요시해야 한다는 생각은 아이들에게도 확실히 자리 잡은 듯합니다. 하지만 복사나 모방이 그렇게 나쁜 일일까요?

새삼스런 이야기입니다만 말 배우기부터 시작해 우리는 혼자서 지식을 만들 수 없습니다. 의식적으로 모방하는 경우도 있지만 대개 무의식적인 방식으로 외부에서 정보를 받아들입니다. 나 자신의 독자적인 생각이라 할지라도 엄밀히 분석해 보면 그 원본은 자기 바깥에 존재합니다. 그러므로 복사를 부정해 버리면 자기 생각도 없어지고 맙니다. 이는 무엇을 의미할까요?

어린아이의 말 배우기에서 알 수 있듯이 우리는 먼저 '모방하기'에서부터 시작합니다. 일본어의 '배우다ﾏﾅﾌﾞ'와 '흉내 내다ﾏﾈﾌﾞ'의 어원이 같다는 사실은 잘 알려져 있습니다. 이렇듯 모방을 통해 처음으로 자기 자신의 독자적인 무언가가 생겨납니다. 내 생각을 표현하려면 다른 사람으로부터 습득한 말을 사용해야만 합니다. 일본의 평론가 고바야시 히데오小林秀雄는 『모차르트ﾓｵﾂｧﾙﾄ』에서 이렇게 단언합니다.

> 모방은 창조의 어머니이다. 오직 하나뿐인 진정한 어머니이다. 이들을 갈라놓은 것은 그야말로 근대의 취미에 불과하다. 모방하지 않고서 어떻게 모방 불가능한 것과 만나겠는가.
>
> _고바야시 히데오, 『모차르트』

이 사실은 문학 작품뿐만 아니라 생활 영역 전반에 걸쳐 영향을 미치고 있습니다. 우리의 일상생활을 떠올려 봅시다. 예를 들어 아침에 일어나면 가족에게 잘 잤냐고 인사하고 세수를 합니다. 아침 식사를 한 뒤에는 양치질을 하고 옷을 갖추어 입습니다. 그런 다음 "다녀오겠습니다!"라고 인사하고 학교에 갑니다. 일상적이기 그지없는 말과 행동이기에 어디에도 신기한 부분이 없지만 이런 일련의 행동은 '흉내 내기'를 바탕으로 이루어집니다.

평범한 일상생활에서 우리가 하는 말과 행동은 대체로 정해져 있어 이른바 '보이지 않는 대본' 같은 것이 존재합니다. 우리는 먼저 이 대본의 대사를 외워 맡은 역할을 의식하지 않아도 연기할 수 있도록 '배우는=흉내 내는' 것입니다. 그렇다면 원본에서 복사물이 생겨난다기보다 복사물에서 원본이 생겨나는 게 아닐까요? 그러므로 복사물이라 해서 원본보다 열등하다고 할 수는 없습니다.

우리의 삶도 복제의 연속이지 않을까?

이제 '유일무이한 것'은 없다

원본과 복사물의 관계를 잠시 역사적인 관점에서 살펴보겠습니다. 이 문제를 생각할 때 반드시 언급되는 사상가가 독일의 발터 베냐민Walter Benjamin이라는 사람입니다. 그는 1936년에 '복제 기술 시대의 예술'을 다룬 논문에서 사진이나 영화 등의 복제 예술로 인해 예술 작품에서 '아우라aura'가 사라졌다는 사실을 명백히 했습니다. 여기서 '아우라'란 영어로는 '오라'라고 하며, '사람이나 사물이 자아내는 미묘한 분위기'를 뜻합니다.

아우라의 어원은 '바람'이나 '공기'를 의미하는 말이었지만 차차 '사람을 에워싸는 신비로운 후광'을 의미하게 되었습니다. '저 사람에게는 아우라가 있다'는 말은 그 사람이 풍기는 독특한 분위기나 신비로운 후광 같은 것이 있다는 뜻입니다. 베냐민에 따르면 복제 예술 이전의 예술 작품은 '지금, 여기에만 존재하는' 유일함을 지니고 아우라를 발산했습니다.

하지만 복제 예술이 탄생하면서 이 유일함이 사라졌습니다. 레오나르도 다 빈치Leonardo da Vinci가 그린 〈모나리자〉와 이를 사진으로 찍은 복제품을 예로 들어 봅시다. 만약 이 복제품이 없어진다 해도 다시 복제(복사)할 수 있습니다. 그러므로 복제품이 없어져도 상실감이 크지는 않을 것입니다. '또 복제하면 되지'라고 가볍게 생각하고 그것을 대신할 작품이 또 복제됩니다.

하지만 다 빈치가 그린 〈모나리자〉는 유일무이한 작품입니다. 지금 이 작품을 감상할 수 있다 해도 다시 감상할 기회는 오지 않을지도 모릅니다. 특히 이것이 사라져 버리면 〈모나리자〉는 영원히 접할 수 없게 됩니다. 따라서 예술 작품과 이를 대하는 사람 사이의 관계가 복제 기술의 탄생 이후 크게 달라졌습니다. 복제 가능한 예술에서는 하나하나의 작품이 지금 바로 이 자리에서 빛나는 아우라를 상실했기 때문입니다.

이러한 복제 기술의 탄생에 따른 변화는 사실 예술 작품뿐만 아니라 현대 사회 구석구석에도 영향을 미치고 있습니다. 지금 주변을 둘러보면 거의 대부분의 물건이 복제품임을 알 수 있을 것입니다. 의식주에 해당하는 거의 모든 것이 대량 생산된 상품 가운데 하나이고 지금, 여기에만 존재하는 것은 좀처럼 눈에 띄지 않습니다. 무인도에 간다면 모를까, 산업이 발달한 사회에서는 복제된 물건이 넘쳐 납니다. 베냐민은 예술의 영역에만 한정해 논했지만 역사적으로는 산업 혁명에서부터 복제화의 물결이 일기 시작했습니다. 이 점을 감안하면서 베냐민의 논의를 좀 더 넓혀 이해해 보도록 하겠습니다.

원본이 없는 복제

프랑스의 사회학자 장 보드리야르Jean Baudrillard에 따르면 대량 생산에 의해 만들어진 상품은 하나뿐인 원본의 복제품이 아닙니다. 예를 들어 제가 손에 들고 있는 볼펜은 분명 대량 생산(복제)된 물건이므로 '복사된 것'으로 볼 수도 있습니다. 그런데 '이 복사에 대응하는 원본은 무엇인가?'라고 반문했을 때 '원본에 해당하는 볼펜'은 결코 찾을 수 없습니다. 대량 생산은 아우라를 사라지게 만들었을 뿐 아니라 원본도 사라지게 만들기 때문입니다. 이러한 복사를 보드리야르는 '시뮐라크르simulacre'라고 부르면서 다음과 같이 이야기하고 있습니다.

대량 생산되는 물건은 서로 상대방을 규정하려 하지 않는 무한한 시뮬라크르가 된다. …… 원본이라는 준거틀의 소멸만이 등가성^等^{價性}의 보편적 가치 생산 가능성 그 자체를 가능하게 한다.

_장 보드리야르,『상징 교환과 죽음L'échange symbolique et la mort』

이렇게 해서 보드리야르는 베냐민이 예술 분야에서 이야기했던 것을 사회 전체로까지 확장합니다. 하지만 보드리야드가 말하려 했던 바는 이것이 아닙니다. 오히려 그는 이 대량 생산의 시뮬라크르 단계가 이미 끝났음을 주장하려 했습니다. 그렇다면 대량 생산이 끝난 다음 단계는 과연 어떤 것일까요?

보드리야르는 이다음 단계를 '시뮬라시옹simulation'이라고 부릅니다. 영어의 시뮬레이션이라는 말이 게임 등을 통해 친숙해졌으므로 어떤 뜻인지 쉽게 짐작할 수 있을 것입니다. 보통 현실과 흡사한 상황을 인공적으로 만들어 낼 때 '시뮬레이션'이라는 말을 씁니다. 하지만 이때는 시뮬레이션이 아닌 분명한 현실이 존재합니다. 하지만 보드리야르는 시뮬레이션 그 자체가 현실이 된다고 생각했습니다. 이를 그는 '하이퍼리얼hyperreal(초현실)'이라고 부릅니다. 이에 대한 보드리야르의 정의를 인용해 보겠습니다.

시뮬라시옹이란 기원도, 현실성도 없는 실재의 모델로 만들어진 것, 즉 하이퍼리얼이다. …… 앞으로는 지도야말로 영토에 선행할 것이다―시뮬라크르의 선행―지도 그 자체가 영토를 만들어 낸다.

_장 보드리야르,『시뮬라시옹-Simulacres et simulation』

CG(컴퓨터 그래픽) 등으로 만든 영상을 떠올리면 이해하기 쉬울 것입니다. 요즘 영화에서는 이 디지털 기술을 구사해 마치 현실인 듯한 '가상 현실virtual reality'을 만들어 냅니다. 이 세계 안으로 들어가면 시뮬라시옹 그 자체가 현실이라고 생각하게 될 것입니다.

현실의 시뮬라시옹화

여기서 '시뮬라시옹의 현실화'라는 발상을 한 걸음 더 진전시켜 봅시다. 만약 하이퍼리얼이라는 발상이 성립한다면 거꾸로 현실real이라고 생각하는 실제 생활 그 자체가 시뮬라시옹이 되는 건 아닐까요? 시뮬라시옹의 현실화는 현실의 시뮬라시옹화를 일으킵니다.

실제 생활에서 우리는 잠에서 깨어 식사를 하고, 일하러 나갑니다. 하지만 이러한 행동을 촬영을 위해 그저 연기하고 있을 뿐이라고 생각해 봅시다. '늘 어디선가 방송 카메라가 찍고 있고 마치 드라마 속 인물을 연기하는 것처럼 행동한다.' 예전에는 이런 상황을 병적인 망상이라고 생각했지만 요즘은 평범하게 받아들입니다. 실제로 '리얼리티 쇼'라는 텔레비전 프로그램은 배우가 아닌 보통 사람들의 실제 생활을 촬영하고 드라마처럼 만들어 방송하고 있습니다.

이렇게 된 이상 '원본으로서의 실생활'과 '이를 모방한 연기'라는 대립은 더 이상 유지되기 힘들 것입니다. 언뜻 '실제 교사'와 '교사를 연기한다는 것'은 전혀 다르게 보입니다. 연기를 할 때는 교사답게 보이기 위해 신경을 쓰면서 실제 교사를 흉내 냅니다. 이에 비해 실제 교사는 자연스럽게 행동하며 교사 흉내를 내지 않습니다.

하지만 흉내를 낸다는 점에서는 실제 교사 또한 마찬가지가 아닐까요? 왜냐하면 실제 교사도 교사답게 행동하지 않으면 교사로 인정받지 못하기 때문입니다. 학생을 연인처럼 대한다면 성희롱으로 고발당할 것입니다. 실제 교사에게도 보이지 않는 대본이 있고 그 대본에 따라 연기합니다. 그렇다면 실제 교사야말로 복사물이라고 해야 하지 않을까요?

교실에 들어온 교사가 "자, 수업 시작하자!"라고 말합니다. 왜 이 말을 들은 학생들은 잡담을 멈추고 노트를 꺼낼까요? 그 까닭은 이 말이 들리면 수업이 시작됨을 학생들이 이해하고 있기 때문입니다. 그런데 학생들은 왜 이 말을 그렇게 이해한 걸까요? 말할 필요도 없이 이 말이 수업 시작을 나타내는 말임을 이미 알고 있기 때문입니다. 교사가 그렇게 정해진 말(대본)을 했기 때문에 교실이 조용해집니다. 현대 사상을 대표하는 프랑스의 철학자 자크 데리다는 좀 어려운 표현을 사용해 이를 다음과 같이 이야기합니다.

> 만약 상투어로 말하는 행위가 하나의 '코드화된' 혹은 반복 가능한 발언을 반복하지 않는 것이었다면 어떤 수행적인performative 발언은 성공할 수 있을까? …… 내가 말하는 상투어가 만약 하나의 반복 가능한 모델에 합치하는 것으로 동정同定(생물학 및 화학에서 어떤 생물이나 물질의 소속 및 명칭을 바르게 정하는 것을 의미하는 용어-옮긴이 주)할 수 없었다면, 따라서 그러한 상투어가 이른바 '인용'으로서 동정할 수 없는 것이었다면 수행은 성공할 수 있을까?
>
> _자크 데리다, 『유한책임회사Limited Inc』

교사가 교실에 들어와 "자, 수업 시작하자!"라고 말할 때는 이미 많은 교사들이 했던 말을 똑같이 하는(복사) 것입니다. 바로 그렇기 때문에 학생들도 이 말이 수업 시작을 뜻함을 이해할 수 있습니다.

현대 사회의 새로운 조건, '복제하는 지성'

이렇게 생각해 보면 이제 원본이라는 것 자체가 의심스러워집니다. 앞에서 살펴본 것처럼 복붙에 대한 비난은 원본과 개성에 대한 신앙을 전제로 삼고 있습니다. 하지만 이 원본과 개성이야말로 현내 사상에서 의문시해 온 것들입니다.

오늘날 인간의 개성을 말하면 웃음거리가 됩니다. 개성으로 보이긴 하지만 유행하는 옷이나 물건을 몸에 걸쳤거나, 타인에게서 구매한 지식을 자랑하거나, 매체의 정보에 휘둘리고 있을 뿐입니다. 이런 것들이 개성이 아니라는 사실은 명백합니다. 개인이 노력해 자신의 사상을 형성한다는 교양주의는 이제 완전히 자취를 감췄습니다. 손쉽고 빠르게 복붙해서 자신을 돋보이게 해주는 지식을 손에 넣는 게 성공의 지름길입니다.

이러한 상황을 생각하면 교육계에서도 '복붙'을 부정하기란 불가능하다고 봐야 합니다. 보고서를 쓸 때 복붙을 전면적으로 금지한다 해서 문제가 사라지지도 않을 것입니다. 학생들은 늘 복붙을 할 수 있는 환경에 놓여 있고, 이런 환경이 복붙을 하도록 촉구합니다. 인터넷을 쓸 수 없는 절해고도라면 어쩔 수 없겠지만 이미 그런 세상은 사라져 버렸습니다. 그렇다면 '복붙은 좋은가 나쁜가'라는 문제보다 '복붙 가운데 어떤 게 좋고 어떤 게 나쁜가'를 진지하게 생각해 봐야 할 때가 아닐까요?

물론 이는 학생들에게만 해당되는 문제가 아닙니다. 연구자의 저작도 인용(복붙)해 만들어지는 이상, 복붙은 '연구자 윤리'를 생각할 때 중요한 문제입니다. '내 생각과 논의는 복붙과 아무런 관계가 없다'고 말하는 사람은 자기기만에 빠져 있거나 자기 자신을 충분히 이해하지 못하고 있을 뿐입니다.

데리다의 말을 비틀어 이야기하자면 '복붙을 할 가능성이 늘 존재하기 때문에 자신의 독창적인 생각을 새롭게 형성하는 것도 가능해'집니다. '복사해 붙여 넣기를 하는 지성'이야말로 현대 사회의 조건인 것입니다. 하지만 복붙을 할 때 어디서 가져왔는지 출전 정도는 밝혀야 한다고 생각합니다. 출전을 숨기고 마치 자신의 독창적인 작품인양 내보이는 행위는 그야말로 원본에 대한 신앙을 고스란히 드러내기 때문입니다. 복붙했다는 사실을 알리면서 복붙하는 것, 이것이 복붙의 '에티카ethica(윤리)'라고 할 수 있을 것입니다.

인간은
왜
자연을
보호할까
?

자유와 평등 | 감시 사회 | 로봇 | 뇌 과학

정체성 | 의사소통 | 복제 | **환경**

×

'환경 친화적'이라는 말은 기만에 가깝다고 할 수 있습니다. 굳이 이야기하자면 온난화되었다고 해도 지구는 아무렇지 않습니다. 또 석유가 고갈되어도 지구가 어려움에 처하지도 않습니다. 가이아는 그렇게 약한 존재가 아닙니다. 그렇다면 왜, 무엇 때문에 환경을 보호하는 걸까요?

인간이 자연을 보호하는 것은 기만이 아닐까?

환경 파괴의 원인, 인간

"자연과 환경을 보호해야 할까요?"라는 질문을 받으면 대부분의 사람들이 그 즉시 "당연하죠!"라고 대답할 것입니다. 하지만 "왜 자연과 환경을 보호해야 할까요?"라고 다시 묻는다면 어떨까요? 어쩌면 질문의 의미를 이해하지 못해 좀 언짢은 듯 "새삼스럽게 무슨 얘기를 하고 싶은 건데요?"라며 반문할지도 모르겠습니다.

자연 파괴가 진행되고 환경이 위기에 처해 있다는 사실은 말할 필요도 없이 명백해 보입니다. 국제 연합이나 정부에서 지구 온난화의 공포를 퍼뜨리고 있으므로 전 세계적으로 친환경의 목소리가 높습니다. 환경친화적인 생활을 하는 게 인류의 책무로 강조됩니다. 하지만 과연 무엇을 위해 자연과 환경을 보호해야만 할까요?

예를 들어 미국의 사상가 머리 북친Murray Bookchin이 『사회생태주의란 무엇인가Remaking society』에서 말하는 '자칭 환경주의자'와의 대화에 주목해 보겠습니다.

북친: 당신은 현재 환경이 위기에 처하게 된 원인이 뭐라고 생각합니까?

환경주의자: 인간! 인간들이 환경 위기에 책임이 있습니다! …… 모든 인간! 지구에 인간이 너무 많이 늘어나 지구를 오염시키고 있고, 자원을 고갈시킬 정도로 탐욕스럽기 때문입니다.

_머리 북친, 『사회생태주의란 무엇인가』

'인간이 자연을 파괴했다'는 생각은 자칭 환경주의자뿐만 아니라 학교에서도 종종 이야기합니다. 인간이야말로 자연 파괴의 원흉이라는 것입니다. 학교에서 토론을 해보면 어떤 학생은 이런 견해를 늘어놓고 다음과 같은 결론을 주장하기도 합니다. '그러므로 환경 위기를 극복하려면 인류는 (전쟁이나 감염병 등으로) 수를 줄여야 한다.' 혹은 더욱 과격한 주장을 하기도 합니다. '자연과 환경을 위해 인류는 멸망하는 편이 낫다.'

이렇게 단순한 논의는 아니더라도 이와 흡사한 주장은 종종 눈에 띕니다. 환경 보호 운동이 고조되던 1970년대 초, 노르웨이의 환경주의자 아르네 네스Arne Naess는 '심층 생태론deep ecologie'를 제창하며 다음과 같이 말하고 있습니다.

심층 생태론은 인구를 안정시키는 데 그치는 것이 아니라 …… 인구를 지속 가능한 최소한도까지 감소시키는 것이 목표입니다. 100년 전에 존재했던 문화의 다양성을 가지려면 10억 정도의 인구가 바람직할 것입니다.

_아르네 네스,
「수단은 소박하게, 목표는 풍요롭게Simple in means, rich in ends」

현재 세계 인구가 약 70억 명이므로 '심층 생태론'의 목표를 달성하려면 60억 명 정도를 솎아 내야만 합니다. 하지만 예기치 못한 대참사가 일어난다면 모를까 그런 일이 가능할 리 없습니다.

인간 역사의 시작이 곧 환경 파괴의 시작

이런 생각의 밑바탕에 깔린 것이 '인간의 자연 지배'라는 구도입니다. '인간이 자연을 지배하고 욕망이 이끄는 대로 자연에 폭력을 행사해 왔다. 그래서 자연은 파괴되어 왔고 지금은 재생 불가능한 상태에 이르렀다.' 이 구도는 환경 보호 사상의 어머니라 불린 레이철 카슨Rachel Carson의 『침묵의 봄Silent Spring』에도 반복적으로 드러납니다.

인간은 자연을 정복하겠다는 목표를 달성하기 위해서 자신이 살고 있는 대지뿐 아니라 다른 생물들까지 마구잡이로 살상하였다. …… 그런데 여기에 무차별적으로 뿌려지는 화학 살충제에 의한 새와 포유류, 물고기와 모든 종류의 야생 동물 살해라는 새로운 국면의 위험이 추가되고 있다.

_레이철 카슨, 『침묵의 봄』[22]

레이철 카슨은 이런 관점에서 살충제 DDT(디클로로디페닐트리클로로에탄) 등 화학 약품의 사용을 고발하고 인간에 의한 자연 파괴의 잔인함을 묘사합니다. '침묵의 봄'이라는 제목은 인간이 자연을 파괴하면서 자연이 죽어 가고 '봄이 되어도 새소리가 들리지 않는' 위기 상황을 암시하고 있습니다.

환경 보호 운동이 왕성해지면서 자연에 대한 이런 관점은 '인간 중심주의'라고 불리게 되었습니다. 이는 자연이 인간을 위해 존재한다고 간주하고, 인간이 이익을 추구하려고 자연을 이용한다는 관점을 말합니다. 하지만 이런 인간 중심주의는 최근 갑자기 등장한 게 아닙니다.

미국의 과학 사학자인 린 화이트Lynn Townsend White Jr.에 따르면 인간 중심주의는 그리스도교와 더불어 시작되었습니다. "그리스도교 의, 특히 그 서구적인 형식은 세계가 그때까지 알고 있었던 종교 가운데 가장 인간 중심적이다." 화이트는 『기계와 신Machina Ex Deo』에 서 이렇게 이야기합니다. 혹은 호르크하이머와 아도르노가 『계몽 의 변증법』에서 이야기하고 있듯이 '인간의 자연 지배'는 인간이 문명화되는 시점에 시작되었다고도 할 수 있을 것입니다.

그렇다면 환경 파괴는 인간의 문명화, 즉 역사와 더불어 시작된 게 아닐까요? 그렇다면 인간이 존재하는 것 자체가 환경 파괴가 아닐까요? 이렇게 생각하면 환경을 보호하기 위해서는 인간이 소 멸할 수밖에 없는 듯합니다. 그런데 과연 그럴까요?

파괴의 주체가 보호하는 아이러니

여기서 잠시 과연 무엇을 위해 환경을 보호하는지 생각해 봅시 다. 예를 들어 정치나 매체에서는 지구 온난화가 심각한 문제라고 이야기합니다. 그런데 지구의 온도가 올라가면 어떤 상황이 발생 하는 걸까요?

온난화의 영향으로 '해면 상승' '이상 기후' '가뭄' '식량 부족' 등이 일어날 거라고 합니다. 현재로서는 이들 가운데 확실히 관찰되는 현상은 없지만 어쨌든 인간의 생존을 불안하게 만드는 요소임은 틀림없는 것 같습니다.

어쩌면 인간이 아니라 남극의 펭귄이나 북극곰을 걱정하는 사람도 있을 것 같습니다. 그런데 펭귄과 북극곰은 지구 온난화를 경고하는 광고에 사용되었을 뿐이고, 온난화의 실체에 대한 근거는 분명하지 않습니다. 그러므로 지구 온난화를 문제 삼는 이유는 그저 온난화가 인간의 생존을 위기에 빠뜨린다고 생각하기 때문입니다. 해수면이 상승하면 인간은 분명 살아갈 환경을 잃어버릴 것입니다.

환경 오염 또한 마찬가지입니다. 물, 공기, 흙 등의 오염은 인간의 생존을 위협합니다. '미나마타병(1950년대 중반 일본의 작은 어촌 도시 미나마타에 살던 사람들이 원인을 알 수 없는 중추 신경 마비에 시달리다 공장 폐수에 함유된 수은에 중독된 물고기나 조개류를 먹었기 때문이라는 사실이 밝혀졌다.—옮긴이 주)'이나 '욧카이치 천식(1950년대 말 욧카이치 시에 위치한 화학 공단에서 대기 오염을 일으켜 많은 주민들이 기관지염 및 천식에 시달리게 되었다.—옮긴이 주)' 등의 공해병을 예로 들지 않더라도 환경 오염은 인간에게 헤아릴 수 없을 만큼 심각한 피해를 끼칩니다. 따라서 우리가 환경 오염에 대처하고, 아름다운 자연을 보호하고자 하는 건 그야말로 '인간'을 위해서입니다.

이런 점에서는 자원 고갈도 마찬가지입니다. 예를 들어 석유는 오래전부터 앞으로 30년이면 바닥난다고 이야기되어 왔습니다. 하지만 그 30년이 지났는데도 여전히 앞으로 30년이라는 말이 나오는 게 신기합니다. 언젠가 석유가 고갈된다는 사실은 분명 문제입니다. 하지만 여기서 확인하고자 하는 바는 그게 아닙니다.

석유가 고갈되면 힘들어지는 건 인간뿐입니다. 인간만이 석유를 사용하기 때문에 석유가 고갈되면 곤란한 존재도 오직 인간뿐입니다. 다른 동식물은 석유가 고갈되어도 아무런 영향을 받지 않습니다.

이렇게 생각하면 환경 친화적이라는 말이 기만에 가깝다는 사실을 알 수 있을 것입니다. 굳이 이야기하자면 온난화되었다고 해도 지구는 아무렇지도 않습니다. 또 석유가 고갈되어도 지구는 어려움에 처하지도 않습니다. '가이아Gaea'는 그렇게 약한 존재가 아닙니다. 그렇다면 왜, 무엇 때문에 환경을 보호하는 걸까요?

오해를 무릅쓰고 말하자면 환경 보호는 사실 '인간의 생존'을 위해서 하는 것일 뿐입니다. 인간의 이익을 추구하려면 환경을 보호해야만 합니다. 우리가 실제로 배려하는 건 지구가 아니라 인간입니다. 그렇다면 인간 중심주의는 환경 파괴의 원인이 아닐뿐더러 더 나아가서는 환경 보호의 목적이 아닐까요? 환경을 보호하려고 인간 중심주의를 비판하는 건 논점이 빗나간 이야기일 뿐입니다.

인간이 환경 보호를 통해 정말 바라는 것은?

환경 보호는 인류 전체의 책임?

인간 중심주의 비판에 대해 잠깐 더 생각해 보겠습니다. 인간 중심주의를 비판하는 논의를 보면 한쪽에 인간을 놓고, 다른 한쪽에 자연을 대치시키는 이분법적 논리가 자주 발견됩니다. 즉 인간과 자연이 각각 독립적으로 존재한다고 전제하고, '자연'에서 분리된 '인간'이 '인간'에서 분리된 '자연'을 파괴한다고 봅니다. 하지만 이런 이분법이 과연 올바른 걸까요?

우선 인간 쪽에 초점을 맞춰 봅시다. 환경 보호 캠페인에서는 종종 '인류'와 '모든 인간'에 책임이 있다는 식으로 말합니다. 하지만 실제로 토양과 물을 오염시키는 이들은 기업과 개인이라는 구체적인 사람들입니다. 예를 들어 미나마타병에 책임을 져야 하는 것은 특정 기업이지 모든 인간이 아닙니다. 이때 미나마타병의 원인은 인간의 자연 지배 때문이라고 할 수 없습니다.

한 개인은 다양한 사회적 관계를 맺고 있습니다. 이런 개인들이 환경에 관여합니다. 그러므로 모든 인간이 환경을 파괴하는 것은 아닙니다. 정해진 사회적 관계를 맺고 있는 특정한 개인들이 환경을 파괴합니다. 이 점을 무시하고 마치 인간이 환경 파괴의 원인인 듯 생각한다면 해결해야만 하는 문제가 은폐될 수 있습니다. 예를 들어 사회생태주의자 머리 북친은 다음과 같이 말합니다.

> 만약 종種으로서 인간이 환경 파괴의 원인이라면, 그러한 파괴는 사회를 파괴한 결과가 아니게 된다. …… (이런 관점에서는) '인류'라는 신화적인 존재가 조작된다. 이러한 방식에 의해 생태 문제의 사회적 근원이 약삭빠르게 은폐된다.
>
> _북친, 『사회생태주의란 무엇인가』

여기서 인간은 늘 사회적인 상호 관계를 맺고 있기 때문에 이 사회성을 빼놓고 인간에 대해 생각할 수 없다는 사실을 알 수 있습니다. 사회적인 관계를 완벽하게 제거한 '종으로서의 인간'이나 '인류'는 구체적으로는 어디에도 존재하지 않습니다.

인간이 꿈꾸는 순수한 자연은 없다

그뿐만이 아닙니다. 보호해야 한다고 간주되는 자연을 생각할 때도 위와 같은 혼동을 일으키지 않도록 주의해야 합니다. 인간이 추상화되면 그와 동시에 자연도 추상화됩니다. 예를 들어 보호해야 하는 자연을 말할 때는 인간의 손이 미치지 않은 '순수한 자연'을 생각할 때가 많습니다. 이를 '원시 자연'이라는 말로 표현해 보겠습니다. 미국 등에서 벌이는 자연 보호 운동은 때로 이런 원시 자연을 보존하자고 강조합니다.

하지만 지방이나 시골을 생각하면 잘 알 수 있듯이 인간의 간섭을 받지 않은 원시 자연은 지구에 거의 남아 있지 않습니다. 인간은 지구 위 대부분의 지역에 살고 있고 인간의 활동은 지구 전체에 미치고 있습니다. 자연 그대로를 간직한 듯 보이는 지역일지라도 이를 보존하고 관리하는 인간의 활동을 무시할 수 없는 경우가 대부분입니다. 이는 국립 공원 등을 생각하면 쉽게 이해할 수 있을 것입니다. 이에 대해 마르크스와 프리드리히 엥겔스^{Friedrich Engels}는 『독일 이데올로기^{Die deutsche Ideologie}』에서 다음과 같이 비꼬고 있습니다.

(인간의 손길이 미치지 않은) 자연이란 …… 새로이 생긴 오스트레일리

아의 몇몇 산호섬 정도를 제외하면 오늘날 이미 존재하지 않는 자연이다.

_카를 마르크스·프리드리히 엥겔스,『독일 이데올로기』

이런 원시 자연을 말하는 것은 아니지만 자연을 낭만적으로 이상화하는 경우도 있습니다. 이는 '목가적 자연 숭배'라고도 표현할 수 있는데, 인간의 활동으로 오염되지 않은 '자연의 아름다움, 자연의 조화'를 예찬하는 것입니다. 환경 보호를 외치는 사람들의 밑바탕에는 이런 식의 감정이 깔려 있습니다. 가령 레이철 카슨은『침묵의 봄』을 이렇게 시작합니다.

미국 대륙 한가운데쯤 모든 생물체가 환경과 조화를 이루며 사는 마을이 하나 있다. …… 봄이면 과수원의 푸른 밭 위로 흰 구름이 흘러가고 가을이 되면 병풍처럼 둘러쳐진 소나무를 배경으로 단풍이 든 참나무와 단풍나무, 자작나무가 너울거렸다. 어느 가을날 이른 아침 희미한 안개가 내린 언덕 위에서는 여우 울음소리가 들려왔고 조용히 밭을 가로질러 달려가는 사슴의 모습도 때때로 눈에 띄었다. …… 이 일대는 풍부하고 다양한 새들로 유명했(다).

_카슨,『침묵의 봄』[23]

카슨은 이 목가적 자연을 묘사한 직후에 이것이 인간의 자연 지배로 파괴되었다고 통렬히 비판합니다. '죽음의 그림자'가 소리 없이 드리워져 봄이 와도 새소리조차 들리지 않고 '자연은 침묵'합니다. 이러한 대비는 사실이 아닌 '우화'로 그려지고 있지만 『침묵의 봄』에서 매우 효과적으로 사용됩니다.

소외론을 배경으로 하는 '자연과의 조화'

하지만 목가적 자연과 인간에 의해 파괴된 자연이라는 대비 자체가 문제 아닐까요? 이런 대비를 사용할 때는 이른바 '소외의 논리'를 가정합니다. 심층 생태학을 제창한 아르네 네스도 실제로 '우리가 다른 생명과의 주종 관계를 타파하려고 하면 우리를 스스로에게서 소외시키게 된다'고 말하고 있습니다. 그렇다면 '소외론'이란 어떤 논리일까요?

'소외론'은 기본적으로 세 단계를 가정합니다. '소외되지 않은 원초적 상태—소외된 분열 상태—소외에서 회복한 상태'의 단계입니다. 이 세 단계를 자연과 인간의 관계라는 관점으로 살펴봅시다. 첫 번째는 인간과 자연이 조화롭게 생활하는 행복한 상태입니다. 목가적 자연을 동경할 때 보통 이런 상태를 떠올립니다.

그런데 현재 이 조화로운 상태에서 소외되어 인간과 자연은 대립하고 분열합니다. 인간은 자연을 지배하려 함으로써 자연 자체를 전부 파괴합니다. 이는 레이철 카슨이 『침묵의 봄』이라고 부른 상황입니다. '소외'라는 말에는 '멀어지다' '등지다' 등의 의미가 있는데 여기에는 반드시 '본래적인 원초 상태'라는 전제가 깔려 있습니다. 그러므로 소외란 '본래적인 원초 상태에서 멀어지고 이를 등지게 되는 것'이라고 할 수 있습니다.

여기서 지금의 소외 상태를 극복해 본래적인 자연과 조화를 회복하는 것이 실천적인 목표가 됩니다. 말할 필요도 없이 여기서 '회복의 논리'가 사용됩니다. 잃어버린 것을 다시 한 번 회복하자는 뜻입니다. 자연과의 조화란 과거의 상태인 동시에 미래에 대한 목표이기도 합니다.

이러한 소외론은 역사적으로 보면 마르크스의 청년 시절 사상으로 한때 유행했습니다. 마르크스는 헤겔학파(17세기 말부터 18세기 초에 독일의 관념론 철학자 헤겔의 철학과 사상에 직간접적 영향을 받은 연구자들—옮긴이 주)의 영향을 받아 사회 현상을 '소외된 상태'라고 예리하게 비판했습니다. 젊은 마르크스는 소외론을 사회 현상을 비판하기 위해 전개했는데 여기에서도 '본래적 조화—소외된 분열 상태—조화의 회복'이라는 3단계 논리를 상정하고 있습니다.

하지만 마르크스도 나중에 깨달았듯이 이 논리에는 중대한 문제가 잠복하고 있었습니다. 이제부터 그 문제를 살펴보겠습니다.

우리는 어떻게 자연을 보호해야 할까?

자연과 인간이 조화를 이뤘던 적은 없다

'인간과 자연의 잃어버린 조화를 회복한다.' 이 말은 '지구를 지키자'라는 구호처럼 마음에 와닿을지도 모릅니다. 하지만 오늘날의 환경 문제에 과연 적절한 표현이라고 할 수 있을까요? 그리고 이 말의 바탕에 깔린 소외론적 발상은 유효한 논리를 제공하고 있는 걸까요?

소외론을 받아들일 때 빠지기 쉬운 함정은 역사의 톱니바퀴를 거꾸로 돌려 미래가 아닌 과거로 회귀한다는 점입니다. 생태학에서 말하는 자연과의 조화 회복은 사실 과거의 원초적인 조화로 되돌아가자는 것에 지나지 않습니다. 인간 중심주의를 비판하고 목가적인 자연을 예찬할 때 목표로 삼는 것은 과거입니다. 극단적인 경우에는 근대 과학 문명을 부정하고 원시적인 생활을 해야 한다고 주장하기까지 합니다.

그런데 소외론이 전제로 삼는 원초적인 자연과의 조화라는 모델은 어딘지 의심스럽습니다. 이런 상태가 과연 존재한 적이 있었을까요? 과거 어느 시대에 그런 인간과 자연의 조화가 이루어졌을까요? 『계몽의 변증법』에서도 명백히 이야기하고 있듯이 인간의 자연 지배는 어떤 의미에서 문명화와 함께 시작되었다고 할 수 있습니다. 인간이 지知를 사용해 자연과 관련을 맺는 이상 자연 지배에 대한 욕망은 피할 수 없습니다.

그렇다면 인간의 역사를 아무리 거슬러 올라가도 원초적인 인간과 자연의 조화는 찾을 수 없을 것입니다. 오히려 '원초적인 조화'란 나중에 이상화된 상태에 불과하다고 단언할 수 있습니다. 19세기 독일의 철학자 프리드리히 니체Friedrich Wilhelm Nietzsche는 이를 두고 아마 '날조했다'고 표현했을지도 모릅니다. 인간 중심주의를 비판하는 사람들이 자신들의 낭만적인 자연에 대한 동경을 마치 원초적인 상태인 것처럼 공상(날조)한 데 불과합니다.

그런데 이런 자연에 대한 동경이 풍요로운 근대 사회를 바탕으로 출현했다는 사실에 주의해야 합니다. 이는 예를 들면 도시에서 부유한 생활을 하는 사람이 때때로 전원생활을 동경하는 것과 비슷합니다. 생태학자가 쓴 아래와 같은 글을 본다면 그런 마음은 더욱 커질 것입니다.

우물에서 직접 길어 온 물, 손수 심고 기른 나무들과 더불어 시골 오두막에 있을 때는 어떤 부자도 부럽지 않습니다. 헬리콥터를 타고 산꼭대기에 올랐다고 해봅시다. 풍경은 그저 그림엽서 같고, 꼭대기 레스토랑에 음식이 제대로 준비되지 않으면 불만을 터뜨릴지도 모릅니다. 하지만 산기슭에서부터 고생하면서 꼭대기에 올랐다면 깊은 만족감을 맛보고, 스키에 칠하는 왁스와 모래가 섞인 샌드위치조차 정말 맛있게 느껴질 것입니다.

_네스, 「수단은 소박하게, 목표는 풍요롭게」

하지만 '산꼭대기 레스토랑'과 '모래 섞인 샌드위치'라는 대비는 일부 부유한 사람에게만 의미가 있습니다. 늘 레스토랑에서 맛있는 음식을 먹는 사람은 때로 모래 섞인 샌드위치도 맛있다고 느끼겠죠. 오두막도 없고, 헬리콥터를 탈 수도 없고, 흙먼지가 날리는 도로변에서 모래 섞인 샌드위치를 먹는 사람한테도 그게 맛있을까요?

자연에 사람의 손길이 닿지 않을 수 있을까?

좀 더 시야를 넓혀 생각해 봅시다. 소외론적 발상에서 자연에 대한 동경을 말할 때 전제가 되는 것은 인간과의 이분법적인 대립입니다. 그 목표는 '자연'을 '인간의 지배'에서 해방하는 것입니다. 하지만 이 대립 자체가 문제입니다.

분명 옛날부터 '자연'과 '인간'의 대립은 상식적인 일로 생각했습니다. 자연과 인공이 종종 반대말로 사용되고, 자연과 문화의 대립 또한 그렇습니다. 인위적이지 않은 자연에 비해 문화가 인간적 현상이라는 사실은 이른바 정의^{定義}에 속합니다. 그러므로 생태학에서 자연을 논할 때는 인위적이지 않은 자연을 가정해 왔습니다.

하지만 앞에서 확인한 것처럼 인간을 제외한 자연은 추상적인 허구에 지나지 않습니다. 인간이 눈앞에서 발견한 자연은 앞선 세대의 손길이 미친 자연이고 '사회적으로 형성된 것'이라고 표현할 수 있습니다. 자연에는 늘 많은 사람의 손길이 미쳤고 앞으로도 그럴 것입니다. 인간의 활동과 떨어져 존재하는 것이 아닙니다. 그런 의미에서 자연은 '문화적으로 형성된 것'이라고 불러도 틀린 말은 아닐 것입니다.

이렇게 생각하면 실천적인 방향에 대해서도 매우 중요한 지침이 내려집니다. 지금까지 환경을 보호하려면 되도록 인간이 자연에 개입하지 않아야 한다고 생각했습니다. 인간이 자연에서 손을 떼는 게 생태학입니다. 하지만 이는 애초에 불가능하며 바람직하지도 않습니다. 오히려 인간이 자연을 어떻게 관리해야 하는가가 중요합니다. 이 점을 이해하기 위해 미국의 생태주의자 알도 레오폴드Aldo Leopold의 『모래 군의 열두 달A sand county almanac』를 살펴보겠습니다.

레오폴드는 자연 보호의 원리를 제창한 실천가로서 매우 유명합니다. 그의 원리(토지 윤리land ethic)는 대개 인간 중심주의를 비판한다고 간주되어 왔습니다. 예를 들어 그는 다음과 같이 말합니다. "토지 윤리는 **인류**의 역할을 토지라는 공동체의 정복자에서 단순한 한 구성원, 일개 시민으로 바꾸는 것이다." 그러나 자연에 일체 손을 대지 않아야 한다고 주장하지는 않습니다. 레오폴드는 『모래 군의 열두 달』의 마지막 부분을 다음과 같이 끝맺습니다.

정리해 말하자면 우리가 당면한 문제는 토지에 대해 어떤 태도를 취하고 도구를 어떻게 사용할까이다.

_알도 레오폴드, 『모래 군의 열두 달』

레오폴드는 삼림을 관리하는 공무원이었는데 그 경험을 바탕으로 토지 윤리를 형성했습니다. 그런 점에서 인간이 개입하지 않는 '토지 윤리'는 있을 수 없다고 보아야만 합니다.

'적응하며 관리하기' 로서의 자연 보호

그렇다면 자연과 인간은 어떤 식으로 관계를 맺어야 할까요? 브라이언 노튼Bryan G. Norton이라는 환경 보호론자는 『지속성Sustainability』이라는 책에서 '적응하며 관리하기'라는 개념을 제시합니다. 그는 환경 실용주의의 입장에서 인간 중심주의를 내세우며 자연을 '관리'해야 한다고 역설합니다. 하지만 이 관리는 적응하며 관리하기로서, 기존에 비판을 받았던 인간 중심주의가 아닙니다. 그렇다면 어떤 인간 중심주의가 옹호되어야 할까요?

인간 중심주의란 '인간의 이익 실현에 중점을 두는 입장'을 의미합니다. 이때 '인간의 이익'을 어떤 식으로 생각해야 할까요? 가령 어느 생물이 경제적인 이익이 되기 때문에 남획한다면 멸종될 것이고 결국에는 경제적인 이익에 반합니다. 그러므로 경제적인 이익을 위해서라도 생태학적인 관점이 필요합니다. 게다가 '인간의 이익'을 '경제적인 이익'에 한정할 필요도 없겠죠. 인간을 다양한 측면에서 이해할 수 있듯이 인간의 이익에도 다양한 측면이 있기 때문입니다. 인간의 생존에 깨끗한 물과 흙, 공기 등은 인간에게 이익이라고 할 수 있습니다.

또 인간의 이익은 종종 오해받듯이 개인의 욕구를 단기적인 관점에서 충족하는 것만이 아닙니다. 오히려 지역이나 사회의 이익을 생각해서 개인의 욕구를 억제하기도 할 것입니다. 또 다음 세대를 위해 현재의 이익을 제한하기도 합니다. 그러므로 인간 중심주의라고 해서 현재 각 개인의 욕구를 그대로 인정하지는 않습니다. 이와 반대로 장기적인 시야를 갖고 넓은 관점에서 이익을 생각할 필요가 있습니다.

나아가 인간 중심주의는 '정신적인 가치'도 부정하지 않습니다. 기존의 인간 중심주의는 물질적 욕구만을 가지고 정신적인 가치를 배제한다고 간주되어 왔습니다. 하지만 노튼도 이야기하듯이 인간 중심주의자들은 종종 자연의 정신적인 가치를 중시합니다.

지금까지 '인간 중심주의'는 인간이 자연을 '착취'한다는 이미지로서 비판받아 왔습니다. 하지만 현재는 이런 식으로 순진하게 인간 중심주의를 주장하는 사람은 거의 없습니다. 인간의 이익을 실현하려면 자연 생태계를 무시할 수 없고 단기적인 시야에서 자연을 개발해도 장기적으로는 도리어 불이익이 되는 경우가 많습니다. 그보다는 자연에 적응하는 형태로서 장기적인 관점을 갖고 자연을 관리하는 방향을 지향합니다.

이렇게 생각하면 자연을 이상화해 인간 중심주의를 반성해도 문제를 은폐하기만 할 뿐입니다. 오히려 지금은 구체적인 문제 안에서 폭넓은 시야에 입각해 장기적인 관점으로 자연을 관리하는 게 필요하지 않을까요?

이제
우리에게는
어떤 질문이
남아 있을까

?

자유와 평등 | 감시 사회 | 로봇 | 뇌 과학

정체성 | 의사소통 | 복제 | 환경

×

포스트모던이라는 이 시대에는 지금까지 명백하다고 생각했던 경계선이 차차 희미해집니다. 이항 대립적인 사고로는 잘 대처할 수 없다는 사실이 앞으로 점점 더 분명해지지 않을까요? 그렇다면 도래할 세계에는 경계를 넘나드는 지성이 꼭 필요할 것입니다.

지금 우리는 어디로 가고 있을까?

마르크스의 예언

여기서 현대 사상에서 다루는 문제 가운데 마지막으로 '우리는 어디로 가고 있는가'를 생각해 보려 합니다. 우선 이 문제를 명확히 하기 위해 마르크스의 예언부터 살펴보겠습니다. 마르크스는 19세기 사상가이며 사회주의가 무너진 오늘날 현대 사상이라고 하기 어렵지 않느냐는 반론이 나올지도 모르겠습니다. 하지만 서둘러 결론을 내리기 전에 마르크스가 무엇을 제시하고자 했는지 다시 살펴봅시다.

마르크스의 유명한 예언으로서 『정치경제학 비판을 위해Kritik der politischen Ökonomie』의 서문에 나오는 사회적 변환의 도식을 들 수 있습니다. 마르크스에 따르면 사회는 '아시아적→고대적→봉건적→근대 시민적'의 순서로 변화합니다. 게다가 마지막의 근대 시민 사회는 다른 사회로 변경되면서 '인간 사회의 전사前史'가 끝을 맺습니다. 그렇다면 근대 시민 사회 뒤에 오는 사회는 무엇일까요? 그것이 사회주의나 공산주의 사회라는 사실은 이미 상식이 되었습니다.

하지만 마르크스의 이 예언은 두 가지 점에서 빗나갔습니다. 첫 번째로 영국을 필두로 하는 근대 시민 사회 가운데서 혁명이 일어나 사회주의로 이행한다는 시나리오가 실현되지 않았습니다. 두 번째로 20세기 들어 근대 시민 사회보다 낮은 단계에 있었던 러시아나 중국 등이 사회주의로 이행했습니다. 그래서 이러한 혁명은 '자본론에 반하는 혁명'이라고도 했습니다. 하지만 20세기 후반에는 사회주의 국가가 계속 늘어나 전 세계적으로 자본주의와 사회주의의 대립이 생겨났습니다.

이 대립은 1980년대까지 계속되었지만 1989년에 베를린 장벽이 무너진 이후 중국 등을 제외하면 사회주의 국가는 대부분 소멸했습니다. 지금은 중국도 시장 경제를 도입하고 거의 자본주의화되었습니다. 미국의 정치학자 프랜시스 후쿠야마는 이러한 상황을 '역사의 종언'이라고 불렀습니다. 이는 '사회주의'의 최종적인 패배 선언을 의미합니다. 이렇게 해서 마르크스의 예언은 결정적으로 빗나간 것처럼 보입니다. 데리다는 그 당시의 분위기를 『마르크스의 유령들』에서 이렇게 표현합니다.

> 마르크스는 죽었다, 공산주의는 죽었다, 분명히 죽었다. 그 희망도, 그 담론도, 그 이론과 실천도 함께 죽었다. 경제적·정치적 자유주의여 생존하라!
>
> _자크 데리다, 『마르크스의 유령들』[24]

이런 상황에 대해 데리다는 단호한 어조로 말합니다. "마르크스주의의 유산을 계승해야만 하며 그중에서도 가장 생생하게 살아 있는 유산을 계승해야만 한다." 데리다의 이런 태도와는 별개로 마르크스주의에 대한 사망 선고는 너무 이르지 않았을까요? 십여 년 전쯤 세계적으로 금융 자본주의가 요동쳤던 상황 등을 보고 있으면 마르크스의 예언에 대해 너무 일찍 결론을 내린 듯합니다.

절대적인 가치가 사라진 시대

다음으로 마르크스의 예언에 못지않은 거시적인 예언을 살펴보겠습니다. 니체가 유고에서 제시한 예언입니다. 과연 어떤 예언일까요? 니체는 다음과 같이 이야기합니다.

나는 무엇이 다가오는지를 기술한다: 니힐리즘[nihilism]의 도래. 내가 여기서 기술할 수 있는 이유는 여기서 필연적인 어떤 것이 시작되고 있기 때문이다. …… 내가 말하는 것은 다음 두 세기의 역사이다.

_프리드리히 니체, 『유고―1887년 가을~1888년 3월

Nietzsche Werke, Kritische Gesamtausgabe, vol. VIII 2 : Nachgelassene 』

여기서 니체가 말하는 니힐리즘은 **'모든 지고한 가치가 그 가치를 박탈당하는 것'**이라고 표현됩니다. 좀 더 쉽게 표현해 보자면 '절대적인 진리'라든가 '절대적인 선' 등이 사라지는 것이라 할 수 있습니다. 예를 들어 시간과 장소를 초월해 '이것이 절대적으로 옳다'고 말할 수 있는 게 있을까요? 이런 질문을 받으면 어떻게 답해야 할까요?

요즘 젊은이들에게 이런 질문을 하면 대개 "그런 건 없어요"라고 한마디로 잘라 말합니다. 시대와 사회에 따라 진리의 기준도, 선악에 대한 판단도 변한다고 생각합니다. 또 진리나 선악은 개인적으로도 다양하게 변화하며 절대적인 기준 같은 건 없다고 말하는 사람도 있습니다. 이런 점에서 보면 니체의 예언은 정확히 들어맞습니다. 니체가 이 이야기를 한 시기가 19세기 말이니 예언에 따르면 '20세기와 21세기'가 니힐리즘의 시대입니다.

단 시대의 변화에는 주의가 필요합니다. 니힐리즘이라는 말은

'아무것도 없다'는 뜻의 라틴어 '니힐nihil'에서 왔는데 예전에는 '허무주의'로 번역했습니다. 왠지 인생에 절망하고 아무런 희망을 갖지 못하는 암울한 얼굴이 떠오르는 말입니다. '무엇을 위해 살아가는가?'라고 했을 때 '그런 것은 없다'고 깨달은 사람은 살아갈 희망을 잃게 됩니다. 신이 존재한다면 신을 믿으면 구원받을지도 모릅니다. 하지만 니체가 갈파했듯이 '신은 죽었습니다'. 그러므로 신 없는 시대에 아무런 희망도 찾지 못하고 살아갈 수밖에 없습니다.

하지만 이런 니힐리즘은 더 이상 유행하지 않습니다. 절대적인 것을 믿지 않는다는 점에서는 변함없는 '니힐리즘'이지만 요즘 사람들은 그렇다고 해서 절망하거나 어두운 얼굴을 하지 않습니다. '절대적인 가치? 가치는 해석하는 사람의 편향에 따른 것이고 기준 같은 건 없어!'라고 다르게 생각합니다.

현대인은 더 이상 절대적인 가치 같은 걸 추구할 필요가 없습니다. 오히려 소비 사회가 성립해 욕망을 불러일으키는 것들이 널려 있습니다. 게다가 욕망의 대상은 일시적인 만족을 가져올 뿐만 아니라 질렸을 때는 다른 것을 손에 넣기 위해 버리면 그만입니다. 이런 사람들은 분명 '니힐리스트'이기는 하지만 더 이상 암울해하지 않습니다. 크게 웃음을 터뜨리는 이 사람들의 '니힐리즘'을 여기서는 '밝은 니힐리즘'이라고 부르겠습니다.

모든 것을 쓸모로 판단하는 지금

니체의 니힐리즘에 큰 영향을 받은 독일의 철학자로 마르틴 하이데거^{Martin Heidegger}가 있습니다. 하이데거는 20세기 최고의 철학자로 불리는 반면 나치에 가담했기 때문에 엄중한 비판을 받고 있습니다. 또 그만의 독특한 문체를 사용해 신봉자가 많은 반면 바로 그 문체 때문에 이해가 안 된다며 거들떠보지 않는 경우도 있습니다. 하이데거는 분명 쉽게 읽을 수는 없지만 현대라는 시대를 논할 때 중요한 힌트를 제공하고 있습니다.

그렇다면 하이데거는 현대를 어떻게 이해했을까요? 나치 독일이 세력을 확장하던 1930년대 후반, 하이데거는 이런 상황과 좀 거리를 두면서 「세계상世界像의 시대^{Die Zeit des Weltbildes}」라는 강연을 했습니다. 이 강연에서 그는 '전 지구적인 규모로 세계를 지배하고 있는 근대란 무엇인가'를 해명하고자 합니다. 여기서 주목해야 할 것은 하이데거가 근대의 특질을 '기술적으로 조직된 인간의 행성 제국주의'라든가 '지구적 기술'로 보고 있다는 사실입니다. 즉 '기술'이야말로 전 지구적 규모로 세계를 지배해 '근대'를 성립시킵니다. 당연히 이 근대는 그가 살던 시대 또한 포함하고 있습니다.

그렇다면 '지구적 기술'은 어떻게 이해해야 할까요? 하이데거는 이를 '게슈텔^{Gestell}'이라는 말로 설명하는데 이 말은 일상에서 보통

'조립' '선반' '받침대' 등의 의미로 사용됩니다. 하지만 적절한 번역어가 아직 없기 때문에 우선 게슈텔이라는 말을 그냥 사용하겠습니다.

> 게슈텔은 세우기stellen를 종합한 전체를 나타내는 말이다. 이는 인간을 몰아세워, 즉 인간을 도발해 현실적인 것을 쓸모 있게 하는 사태 안에서 쓸모 있는 재고로 노출시킨다. 게슈텔은 근대 기술의 본질을 지배하고 있는 노출의 방식을 표현한다.
>
> _마르틴 하이데거,
> 「브레멘과 프라이부르그 강연Bremer und Freiburger Vortraege」

어려운 글이지만 중요한 부분만 짚어 보겠습니다. 여기서 게슈텔이란 오늘날의 표현대로 하자면 '인간이 도구적인 관련을 맺도록 몰아세우는 사회적인 시스템'으로 생각할 수 있습니다. 그러므로 여기서는 게슈텔을 '총체적 강요 기구機構'로 부르겠습니다.

구체적으로 생각해 보겠습니다. 예를 들어 어느 지역이 석탄과 광물을 채굴하도록 몰아세워집니다. 그런 다음 이 석탄은 증기가 되도록 강요당하고 도발당합니다. 증기는 전동 장치를 구동하도록 강요당합니다. 이런 관계가 계속됩니다. 이렇게 몰아세우기의 연쇄가 성립됩니다. 이 연쇄 가운데에는 당연히 인간도 들어가 있습니다. '자연을 향해 반출해 저장 가능한 에너지를 공급하라고 강요하고 도발할' 경우 '인간은 이미 자연 에너지를 반출하도록 도발당하고 있는' 것입니다.

이렇게 해서 근대 세계에서는 강력한 총체적 강요 기구가 성립해 인간은 이것의 지배로부터 벗어날 수 없습니다. 그렇다면 이 총체적 강요 기구의 어떤 점이 문제인 걸까요? 하이데거에 따르면 총체적 강요 기구는 모든 것을 '쓸모'라는 관점으로만 이해하는데 그와 동시에 '인간 자신이 그저 쓸모 있는 재고로만 생각되게' 됩니다.

그러므로 하이데거는 '총체적 강요 기구의 지배'를 가장 큰 위험이라고 합니다. 그렇다면 하이데거는 이 인간을 위협하는 가장 큰 위험에 어떻게 대처할까요? 하이데거는 독일 주간지 『슈피겔Der Spiegel』과의 대담에서 다음과 같이 이야기합니다.

거의 사유되지 않은 현대의 근본적인 동향에서부터 시작해 다가오는 시대 안에서 예언자인 척하지 않으면서 앞서 사유하는 것이 중요하다. 사유는 아무것도 하지 않고 가만히 있는 것이 아니다. 사유는 그 자체가 세계 운명과의 대화 안에 서있는 행동이다.

_마르틴 하이데거,「『슈피겔』지 대담」

하지만 하이데거는 이렇게 말하면서도 이를 해결할 실천적인 전망을 갖고 있지 않았다는 사실을 첨언해 둡니다. "오늘날 내게 결정적인 질문은 이 기술의 시대에 어떤—그리고 모든—정치 조직이 어떻게 적응할 수 있는가이다. 이 질문에 대한 답을 나는 알지 못한다."

우리는 어떻게 바뀌어야 할까?

이제는 믿을 수 없는 커다란 이야기

지금까지 마르크스, 니체, 하이데거의 예언을 살펴봤는데 이들은 모두 현재에도 유효합니다. '자본주의' '니힐리즘' '기술' 없이 현대라는 시대를 이해할 수 없습니다. 하지만 세월이 흘렀기 때문에 그들이 살았던 시대와 지금의 풍경은 많이 다를 수밖에 없습니다. 그러므로 좀 더 최근의 예언을 살펴보겠습니다.

여기서는 프랑스의 사상가 장 프랑수아 리오타르Jean François Lyotard가 1979년에 발표한 '포스트모던론'에 대해 생각해 보려 합니다. 여기에 찬성하든 반대하든 간에 포스트모던론은 현대 사상에서 중요한 위치를 차지하고 있기 때문입니다. 포스트모던이라는 말을 모르면 현대 사상을 논할 수 없다고까지 할 수 있습니다. 그렇다면 '포스트모던'이라는 말은 어떤 의미를 갖고 있을까요?

이 말은 1970년대 미국의 건축, 예술, 문화 영역에서 다양한 방식으로 사용되었습니다. 예를 들자면 네모반듯해서 기능적이었던 '모던 건축'에 대비되는, 장식적이고 잡다한 양식을 뒤섞은 '포스트모던 건축'이 유행했습니다. 이런 상황에서 리오타르는 포스트모던이라는 말에 일종의 정의를 부여하며 새로운 시대의 도래를 예언했습니다. 리오타르는 포스트모던을 무엇이라고 생각했을까요? 『포스트모던의 조건La condition postmoderne』에서 그는 이렇게 이야기합니다.

> 과학은 스스로의 지위에 관한 정당화의 담론, 즉 철학이라 불리는 하나의 담론을 생산한다. 나는 이런 종류의 메타 담론에 근거해서 스스로를 정당화시키고 모종의 큰 이야기에 공공연히 호소하는 모든 과학을 지칭하기 위해 '모던'이라는 용어를 쓰겠다. …… 아주 단순화시켜 표현하면, 나는 '포스트모던'을 커다란 이야기에 대한 불신과 회의라고 정의한다.
>
> _장 프랑수아 리오타르, 『포스트모던의 조건』[25]

이 정의는 결코 이해하기 쉽지 않지만 어떤 이미지인가는 쉽

게 떠올릴 수 있습니다. '모던이란 커다란 이야기를 믿는 시대인
데 현재 이러한 커다란 이야기를 믿을 수 없게 되었다. 커다란 이
야기에 대한 믿음이 사라진 현대는 그야말로 포스트모던이다.' '모
던'이라는 말은 한마디로 정의할 수 없지만 '근대'라고 번역했을
경우 포스트모던은 '근대의 종말'을 의미한다고 할 수 있습니다.
'커다란 이야기'의 유무가 근대와 현대를 가르는 결정적인 요소입
니다.

그렇다면 현재 더 이상 믿을 수 없게 된 '커다란 이야기'란 무엇
일까요? 예를 들면 '역사란 인간 해방의 역사다(인간 해방이라는 이
야기)' '혁명으로 노동자를 해방하고 평등한 사회를 건설한다(사회
주의라는 이야기)' '자본주의가 발달하면 풍요롭고 행복한 생활을 할
수 있다(자본주의라는 이야기)' '의사소통을 통해 인간은 서로를 이해
할 수 있다(합의라는 이야기)' 등을 말할 수 있을 것입니다. 즉 예전
에는 '사회나 세계가 이러이러해야 한다'는 '이상'이 진지하게 논의
되었습니다.

하지만 요즘 이런 이상론을 말하면 "그런 말을 누가 믿어요?"
라면서 가볍게 흘려버릴 것입니다. 아무도 그런 이상론을 믿지 않
습니다. 그런 의미에서 리오타르의 포스트모던론이 니체의 니힐
리즘을 다시 주목받게 만들었음은 쉽게 이해할 수 있을 것입니다.
니체가 신이나 모든 지고한 가치라고 불렀던 것을 리오타르는 커

다란 이야기라고 말합니다. 단 커다란 이야기의 내용은 현대에 맞도록 바뀌었음에도 포스트모던이 니힐리즘의 일종임은 분명합니다. 현대를 살아가는 우리는 '신'뿐만 아니라 '자유'도, '평등'도, '해방'도, '진보'도, 그리고 '사랑'조차도 믿을 수 없게 되었습니다.

'인간'이라는 커다란 이야기의 종언

'커다란 이야기의 종말.' 이것이 포스트모던이지만 그중에서도 가장 주요한 이야기는 무엇일까요? 그것은 '인간'이라는 이야기가 아닐까요? 왜냐하면 근대의 모든 학문의 중심에 위치하는 것이 인간이었기 때문입니다. 이를 나타내는 단적인 표현이 18세기 말 독일의 철학자 임마누엘 칸트Immanuel Kant의 물음에 드러납니다.

칸트는 『순수이성비판Kritik der reinen Vernunft』, 『실천이성비판Kritik der praktischen Vernunft』, 『판단력비판Kritik der Urteilskraft』이라는 3대 비판서를 쓴 것으로 유명한데 이 책들은 각각 다음과 같은 문제를 고찰합니다. 첫 번째는 '나는 무엇을 알 수 있는가?' 두 번째는 '나는 무엇을 행해야만 하는가?' 세 번째는 '나는 무엇을 희망하는 게 허용되는가?'입니다. 그런데 칸트는 이들 물음에 대한 궁극적인 물음으로서 다음과 같은 물음을 제기했습니다. 즉 '인간이란 무엇인가?'라는 물음입니다. 위의 세 가지 물음은 이 물음과 관계되어 있고 이 물음에 '근거를 두고' 있는 것입니다.

이처럼 근대에 인간이 중심이 된 까닭은 '신의 죽음'이라는 측면에서도 이해할 수 있을 것입니다. 왜냐하면 신의 죽음을 일으킨 것이 바로 인간이기 때문입니다. 니체의 표현을 사용하자면 '인간'이 '신을 죽였습니다'. 즉 신을 죽인 인간이 신의 자리에 앉은 것입니다. 하이데거라면 이러한 인간주의를 '주체성의 형이상학'이라고 부를 것입니다.

그런데 포스트모던과 함께 인간이라는 커다란 이야기가 소멸하기 시작했습니다. 이를 명확히 규정한 사람이 미셸 푸코입니다. 그는 『말과 사물 Les mots et les choses』의 끝부분에서 다음과 같은 인상적인 표현을 사용합니다.

> 어쨌든 한 가지는 확실하다. 즉 인간은 지식에 제기된 가장 유구한 문제도 가장 지속적인 문제도 아니다. …… 사유의 고고학이 분명히 보여 주듯이 인간은 최근의 시대에 발견된 형상이다. …… 이러한 배치가 나타난 이상 사라지는 것이라고 한다면 …… 장담할 수 있건대 인간은 바닷가 모래사장에 그려 놓은 얼굴처럼 사라질지도 모른다.
>
> _미셸 푸코, 『말과 사물』[26]

"인간은 '근대'에 '신'을 죽였지만 지금(포스트모던 시대)은 '그 살인자'가 소멸하려 한다." 푸코는 이렇게 단언합니다. 그런데 이러한 인간의 죽음은 어디까지나 개념상의 문제에 지나지 않는다는 사실에 주의해야 합니다. 인간이라는 개념은 어디까지나 학문의 중심을 차지하고 있었습니다. 하지만 21세기에 들어서는 현실에서도 인간이 소멸할지도 모른다는 목소리가 나오기 시작했습니다.

니체는 '초인'이라는 개념을 통해 '인간을 넘어설 것'을 부르짖었습니다. 그런데 인간의 경계를 넘어 초인이 되는 게 생물학적으로도 가능해지기 시작했습니다. 예를 들어 생물학자 그레고리 스톡은 생명 공학이 점점 발전하면서 '우리 자손들은 현재와 같은 인간이라고 부를 수 없을 만큼 다른 존재로 변화할 수도 있다'고 말합니다. 이렇게 생각하면 인간의 소멸은 사상의 세계에서뿐만 아니라 현실적으로도 코앞에 닥친 일이 아닐까요? 이때 '인간의 존엄'이라는 낡은 표어는 아마 유효하지 않을 것입니다. 이미 인간은 소멸해 가고 있습니다.

경계를 넘나드는 지성이 필요하다

이 '도래할 세계'에는 어떤 지성이 필요할까요? 여기서는 이를 '경계를 넘나드는 지성'이라고 부르겠습니다. 이를 구체적으로 이해하기 위해 자크 데리다의 '탈구축 *déconstruction*'이라는 방법을 원용하겠습니다.

탈구축이라는 말을 들어본 사람도 있고 그렇지 않은 사람도 있을 텐데 이 말이 어떤 의미인지 제대로 이해되고 있는 것 같지는 않습니다. 여기서 먼저 탈구축이라는 말이 어떤 의미를 갖고 있는지 확인해 두겠습니다.

데리다에 따르면 '탈구축'이라는 말은 하이데거가 말하는 '해체'에서 만들어졌습니다. 그렇다면 하이데거의 해체는 무엇을 의미할까요? 하이데거에 따르면 해체란 '파괴', 즉 '없애 버리는' 것이 아닙니다. 오히려 현재 지배적인 전통의 유래를 묻고, 그 전통이 무엇을 은폐해 왔는지 밝히는 일입니다. 데리다는 이 하이데거의 해체를 탈구축이라는 말로 표현했습니다. 그러므로 탈구축을 이해하려면 하이데거의 해체에서 의미를 찾아내야만 합니다.

그렇다면 데리다는 현재 어떤 전통이 지배적이라고 보았을까요? 그것은 '계층 질서'를 형성하는 다양한 이항 대립입니다. 예를 들자면 진리와 허위, 정신과 신체, 자연과 인공, 인간과 기계 등입니다. 여기에 원본과 복제, 남성과 여성, 자유와 관리 등을 덧붙여도 될 것입니다. 어느 경우든 전자가 지배적이고 후자는 종속적입니다. 그렇다면 탈구축은 이렇게 계층 질서적인 이항 대립을 어떻게 하려 했을까요?

(탈구축은) 어떤 폭력적인 계층 질서와 연관되어 있습니다. 두 항 가운데 한쪽이 다른 쪽을 (가치론적으로, 윤리적으로 등등) 지배하고 우위를 차지합니다. 이런 대립을 탈구축하려면 우선 어떤 일정한 시점에 그런 계층 질서를 뒤집어엎어야 합니다.

_자크 데리다, 『입장들 Positions』

물론 뒤집어엎는다고 해서 모든 것이 끝나지는 않습니다. 오히려 뒤집어엎음으로써 이항 대립 그 자체를 폐기합니다. 이는 지금까지 고정되어 있었던 경계를 뛰어넘음을 의미합니다.

포스트모던이라는 이 시대에는 지금까지 명백하다고 생각했던 경계선이 차차 희미해집니다. 이항 대립적인 사고로는 잘 대처할 수 없다는 사실이 앞으로 점점 더 분명해지지 않을까요? 그렇다면 도래할 세계에는 경계를 넘나드는 지성이 꼭 필요할 것입니다.

이 책의 제목은 『현대 사회를 읽는 질문 8』입니다만 읽어 보니 어떠셨는지요? 될 수 있으면 초등학생도 이해할 수 있는 방향으로 책을 쓰긴 했지만 저는 입시를 준비하는 아이들은 물론이고 대학생들도 이 책을 읽어 주었으면 좋겠습니다. 또 학교를 졸업하고 사회인이 된 분들이나 그보다 더 나이 많은 분들도 현대 사상에 관심을 가져 주었으면 좋겠습니다. 이 책은 어디까지나 현대 사상을 처음 접하는 이들을 위해 썼을 뿐이니 독자의 나이는 문제가 되지 않습니다.

현대 사상에는 '청년의 사상'이라는 이미지가 있습니다. 실제로 그렇게 소개된 시기도 있었습니다. 하지만 저보다 훨씬 나이가 많은 분들에게 현대 사상에 관한 이야기를 하면 '정말 신선하다!'면서 열심히 들어 주십니다. 나아가서는 원전을 소개해 달라는 부탁을 받을 때도 있습니다. 여태까지 그분들에게 사상이란 아무짝에도 쓸모없는 것이었지만 현대 사상이란 꽤나 재미있는 것인 모양입니다. 그런 점에서 이 책은 '어른들을 위한 현대 사상'이라고도 할 수 있습니다.

하지만 독자가 누구든 간에 저는 현대 사상의 즐거움을 되도록 쉽게 전달하려 애썼습니다. 하지만 이 책을 읽은 뒤 '현대 사상이란 재미있는 것이로구나!'라는 반응이 나올 수 있을지는 독자의 판단에 달려 있습니다. 지금은 그러기만을 바랄 뿐입니다.

오카모토 유이치로

| 주 |

1. 존 스튜어트 밀, 『자유론』, 권기돈 옮김, 펭귄클래식코리아, 2015, p81.

2. 로버트 라이시, 『슈퍼자본주의』, 형선호 옮김, 김영사, 2008, p18.

3. 앞의 책, p10.

4. 앤서니 기든스, 『질주하는 세계』, 박찬욱 옮김, 생각의 나무, 2001, p141.

5. 조지 오웰, 『1984』, 박경서 옮김, 열린책들, 2009, p11.

6. 미셸 푸코, 『감시와 처벌』, 오생근 옮김, 나남출판, 2003, p333.

7. 테오도르 아도르노 · 막스 호르크하이머, 『계몽의 변증법』, 김유동 옮김, 문학과지성사, 2001, p19.

8. 라메즈 남, 『인간의 미래』, 남윤호 옮김, 동아시아, 2007, p134.

9. 앞의 책, p127.

10. 레이 커즈와일, 『21세기 호모 사피엔스』, 채윤기 옮김, 나노미디어, 1999, p18.

11. 필립 K. 딕, 『안드로이드는 전기양의 꿈을 꾸는가?』, 박중서 옮김, 폴라북스, 2013, p217.

12. 카를 마르크스, 『자본 1-1』, 강신준 옮김, 길, 2008, p110.

13. 마이클 가자니가, 『뇌는 윤리적인가』, 김효은 옮김, 바다출판사, 2009, p133.

14. 앞의 책, p125.

15. 주디스 버틀러, 『젠더 트러블』, 조현준 옮김, 문학동네, 2008, p97.

16. 미셸 푸코, 『성의 역사 1』, 이규헌 옮김, 나남출판, 2004, p112.

17. 앞의 책, p121.

18. 앞의 책, p115.

19. 앞의 책, p115.

20. 그레고리 베이트슨, 『마음의 생태학』, 박대식 옮김, 책세상, 2006, p302.

21. 앞의 책, p303.

22. 레이철 카슨, 『침묵의 봄』, 김은령 옮김, 홍욱희 감수, 에코리브르, 2011, p117.

23. 앞의 책, p33.

24. 자크 데리다, 『마르크스의 유령들』, 진태원 옮김, 그린비, 2014, pp117~118.

25. 장 프랑수아 리오타르, 『포스트모던의 조건』, 유정완 외 옮김, 민음사, 1992, pp33~34.

26. 미셸 푸코, 『말과 사물』, 이규헌 옮김, 민음사, 2012, p526.

| 참고 문헌 |

〈질문 01. 모두가 꼭 자유롭고 평등해야만 할까?〉

ジョン・ロック/鵜飼信成 譯『市民政府論』巖波文庫 1968(존 로크, 『통치론』, 강정인 외 옮김, 까치글방, 2007.)

ジョン・スチュアート・ミル/塩尻公明・木村健康 譯『自由論』巖波文庫 1971(존 스튜어트 밀, 『자유론』, 권기돈 옮김, 펭귄클래식코리아, 2015.)

アマルティア・セン/池本幸生・野上裕生・佐藤仁 譯『不平等の再檢討』巖波書店 1999(아마르티아 센, 『불평등의 재검토』, 이상호 외 옮김, 한울, 1999.)

ジョン・ロールズ/中山龍一 譯『萬民の法』巖波書店 2006(존 롤스, 『만민법』, 장동진 외 옮김, 아카넷, 2009.)

ロバート・ライシュ/雨宮寬・今井章子 譯『暴走する資本主義』東洋經濟新報社 2008(로버트 라이시, 『슈퍼자본주의』, 형선호 옮김, 김영사, 2008.)

アンソニ・ギデンズ/佐和隆光 譯『暴走する世界』ダイヤモンド社 2001(앤서니 기든스, 『질주하는 세계』, 박찬욱 옮김, 생각의 나무, 2001.)

ジャク・ランシエール/松葉祥一 譯『民主主義への憎惡』インスクリプト 2008(자크 랑시에르, 『민주주의는 왜 증오의 대상인가』, 허경 옮김, 인간사랑, 2011.)

ジャク・ランシエール/松葉祥一・大三秀臣・藤江成夫 譯『不和あるいは了解なき了解』インスクリプト 2005(자크 랑시에르, 『불화』, 진태원 옮김, 길, 2015.)

ネグリ、ハート/幾島幸子 譯『マルチチュード』NHK出版 2005(안토니오 네그리・마이클 하트, 『다중』, 조정환 외 옮김, 세종서적, 2008.)

ジャク・デリダ/増田一夫 譯『マルクスの亡靈たち』藤原書店 2007(자크 데리다, 『마르크스의 유령들』, 진태원 옮김, 그린비, 2014.)

〈질문 02. 오늘날 우리는 자발적으로 감시받고 있는 것이 아닐까?〉

ジョージ・オーウェル/新庄哲夫 譯『1984年』ハヤカワ文庫 1972(조지 오웰,

『1984』, 박경서 옮김, 열린책들, 2009.)

　ミシェル・フーコー/田村俶 譯『監獄の誕生』新潮社 1977(미셸 푸코, 『감시와 처벌』, 오생근 옮김, 나남출판, 2003.)

　スラヴォイ・ジジェク/中山哲・淸水知子 譯『全體主義』靑土社 2002(슬라보예 지젝, 『전체주의가 어쨌다구?』, 한보희 옮김, 새물결, 2008.)

　マーク・ポスター/室井尚・吉岡洋 譯『情報樣式論』巖波書店 1991(마크 포스터, 『뉴미디어의 철학』, 김성기 옮김, 민음사, 1994.)

　Thomas Mathiesen, The Viewer Society (in: The Theoretical Criminology, vol. 1, no. 2), 1997.

　ホルクハイマー, アドルノ/德永恂 譯『啓蒙の辨證法』巖波文庫 2007(테오도르 아도르노·막스 호르크하이머, 『계몽의 변증법』, 김유동 옮김, 문학과지성사, 2001.)

〈질문 03. 로봇과 인간을 구분할 수 없는 미래가 온다면?〉

　オルダス・ハックスリー/松村達雄 譯『すばらしい新世界』講談社文庫 1974(올더스 헉슬리, 『멋진 신세계』, 안정효 옮김, 소담출판사, 2015.)

　ビル・マッキベン/山下篤子 譯『人間の終焉』河出書房新社 2005

　Nick Bostrom, In Defence of Posthuman Dignity (in: Bioethics vol. 19), 2005.

　フランシス・フクヤマ/鈴木淑美 譯『人間の終り』ダイヤモンド社 2002(프랜시스 후쿠야마, 『Human Future―부자의 유전자, 가난한 자의 유전자』, 송정화 옮김, 최준명 감역, 한국경제신문사, 2003.)

　ユルゲン・ハーバーマス/三島憲一 譯『人間の將來とバイオエシックス』法政大學出版局 2004(위르겐 하버마스, 『인간이라는 자연의 미래』, 장은주 옮김, 나남출판, 2003.)

　ラメズ・ナム/西尾香苗 譯『超人類へ!』河出書房新社 2006(라메즈 남, 『인간의 미래』, 남윤호 옮김, 동아시아, 2007.)

ジョナサン・モレノ/久保田競 監譯『マインド・ウォーズ 操作される脳』ア
スキー・メディアワークス 2008

ダナ・ハラウェイ/高橋さきの 譯『猿と女とサイボーグ』青土社 2000(도나
해러웨이, 『유인원, 사이보그, 그리고 여자』, 민경숙 옮김, 동문선, 2002.)

レイ・カーツワイル/田中三彦・田中茂彦 譯『スピリチュアル・マシーン』
翔泳社 2001(레이 커즈와일, 『21세기 호모 사피엔스』, 채윤기 옮김, 나노미디어, 1999.)

フィリップ・ディック/浅倉久志 譯『アンドロイドは電氣羊の夢を見るか?』
ハヤカワ文庫 1977(필립 K. 딕, 『안드로이드는 전기양의 꿈을 꾸는가?』, 박중서 옮김, 폴
라북스, 2013.)

ハンス・モラベック/夏木大 譯『シェーキーの子どもたち』翔泳社 2001

マルクス/今村仁司・三島憲一・鈴木直 譯『資本論 第一巻』筑摩書房
2005(카를 마르크스, 『자본 1-1』, 강신준 옮김, 길, 2008.)

〈질문 04. 나의 마음을 확실하게 아는 방법은?〉

ギルバート・ライル/坂本百大・井上治子・服部裕幸 譯『心の概念』みす
ず書房 1987(길버트 라일, 『마음의 개념』, 이한우 옮김, 문예출판사, 1994.)

トマス・ネーゲル/岡本裕一郎・若松良樹 譯『哲學ってどんなこと?』昭和
堂 1993(토머스 네이글, 『이 모든 것은 무엇을 의미하는가?』, 조영기 옮김, 궁리, 2014.)

トマス・ネーゲル/永井均 譯『コウモリであることはどのようなことか』勁
草書房 1989

ダニエル・デネット/山口泰司 譯『解明される意識』青土社 1997(대니얼 데
넛, 『의식의 수수께끼를 풀다』, 유자화 옮김, 장대익 감수, 옥당, 2013.)

坂本百大『心と身體』巖波書店 1986

ベンジャミン・リベット/下條信輔 譯『マインド・タイム』巖波書店 2005

マイケル・ガザニガ/梶山あゆみ 譯『脳のなかの倫理』紀伊國屋書店
2006(마이클 가자니가, 『뇌는 윤리적인가』, 김효은 옮김, 바다출판사, 2009.)

アントニオ・ダマシオ/田中三彦 譯『生存する腦』講談社 2000(안토니오 다마시오, 『데카르트의 오류』, 김린 옮김, 중앙문화사, 1999.)

ブーレント・ガーランド/古谷和仁・久村典子 譯『腦科學と倫理と法』みすず書房 2007

〈질문 05. 내가 누구인지를 꼭 확립해야 할까?〉

プラトン/久保勉 譯『饗宴』巖波文庫 1965(플라톤, 『향연』, 박희영 옮김, 문학과지성사, 2003.)

フロイト/中山元 編譯『エロス論集』ちくま學藝文庫 1992(지그문트 프로이트, 『프로이트 전집 7―성욕에 관한 세 편의 에세이』, 김정일 옮김, 열린책들, 2003.)

ドゥルーズ・ガタリ/宇野邦一 譯『アンチ・オイディプス』河出文庫 2006(질들뢰즈·펠릭스 가타리, 『안티 오이디푸스』, 김재인 옮김, 민음사, 2014.)

ジュディス・バトラー/竹村和子 譯『ジェンダ・トラブル』靑土社 1999(주디스 버틀러, 『젠더 트러블』, 조현준 옮김, 문학동네, 2008.)

シモーヌ・ド・ボーヴァワール/『第二の性』を原文で讀み直す會 譯『第二の性』新潮文庫 2001(시몬 드 보부아르, 『제2의 성 1-2』, 이희영 옮김, 동서문화사, 2017.)

ダニエル・キイス/堀內靜子 譯『24人のビリー・ミリガン』早川書房 1999(대니얼 키스, 『빌리 밀리건』, 박현주 옮김, 황금부엉이, 2007.)

デレク・パーフィット/森村進 譯『理由と人格』勁草書房 1998

エリク・エリクソン/小此木啓吾 譯『自我同一性』誠信書房 1973

ミシェル・フーコー/中村雄二郎 譯『知の考古學』河出書房新社 2006(미셸 푸코, 『지식의 고고학』, 이정우 옮김, 민음사, 2000.)

〈질문 06. 다른 사람과 의사소통이 가능하려면?〉

ハーバーマス, ルーマン/佐藤嘉一・山口節郎・藤沢賢一郎 譯『批判倫理と社會システム理論』木鐸社 1984

ミシェル・フーコー/渡辺守章 譯『知への意志 性の歴史 1』新潮社 1986(미셸 푸코, 『성의 역사 1』, 이규현 옮김, 나남출판, 2004.)

ドレイファス, ラビノウ/山形頼洋・鷲田清一郎 譯『ミシェル・フーコー』筑摩書房 2001(허버트 드레이퍼스·폴 라비노, 『미셸 푸코』, 서우석 옮김, 나남, 1989.)

ドレイファス, ラビノウ/蓮實重彦・渡辺守章 監修『ミシェル・フーコー思考集成 IX』筑摩書房 2001

グレゴリー・ベイトソン/佐藤良明 譯『情神の生態學』新思索社 2000(그레고리 베이트슨, 『마음의 생태학』, 박대식 옮김, 책세상, 2006.)

〈질문 07. 이제는 복제도 창작의 수단이지 않을까?〉

パスカル/前田陽一, 由木康 譯『パンセ』中公文庫 1973(블레즈 파스칼, 『팡세』, 하동훈 옮김, 문예출판사, 2009.)

モンテーニュ/原二郎 譯『エセー』巖波文庫 2002

Harold Bloom, *Where Shall Wisdom Be Found?*, Riverhead Trade, 2004. (해럴드 블룸, 『지혜를 어디서 찾을 것인가』, 하계훈 옮김, 루비박스, 2008.)

シェークスピア/河合洋一郎 譯『新譯 ハムレット』角川文庫 2003(윌리엄 셰익스피어, 『셰익스피어 전집』, 이상섭 옮김, 문학과지성사, 2016.)

ロラン・バルト/花輪光 譯『物語の構造分析』みすず書房 1979

小林秀雄『モオツァルト』角川文庫 1969

ヴァルター・ベンヤミン/佐・木基一 譯『複製技術時代の藝術』晶文社 1999(발터 베냐민, 「기술복제 시대의 예술작품」, 『발터 벤야민의 문예이론』, 반성완 옮김, 민음사, 1983.)

ジャン・ボードリヤール/今村仁司・塚原史 譯『象徵交換と死』ちくま學藝文庫 1992

ジャン・ボードリヤール/竹原あき子 譯『シミュラークルとシミューレーション』法政大學出版局 1984(장 보드리야르, 『시뮬라시옹』, 하태환 옮김, 민음사, 2001.)

ジャク・デリダ/高橋哲哉・増田一夫・宮崎裕助 譯『有限責任會社』法政大學出版局 2003

〈질문 08. 인간은 왜 자연을 보호할까?〉

マレイ・ブクチン/藤堂麻理子・戸田淸・荻原なつ子 譯『エコロジーと社會』白水社 1996(머리 북친, 『사회생태주의란 무엇인가』, 박홍규 옮김, 민음사, 1998.)

小原秀雄 監修『環境思想の系譜 3』東海大學出版會 1995

レイチェル・カーソン/靑樹簗一 譯『沈默の春』新潮文庫 1974(레이철 카슨, 『침묵의 봄』, 김은령 옮김, 홍욱희 감수, 에코리브르, 2011.)

リン・ホワイト/靑木靖三 譯『器械と神』みすず書房 1972

マルクス・エンゲルス/廣松涉 譯『ドイツ・イデオロギー』巖波文庫 2002(칼 마르크스・프리드리히 엥겔스, 『칼 맑스・프리드리히 엥겔스 저작 선집 1』, 최인호 외 옮김, 김세균 감수, 박종철출판사, 1991.)

アルド・レオポルド/新島義昭 譯『野生のうたが聞こえる』講談社學術文庫 1997(알도 레오폴드, 『모래 군의 열두 달』, 송명규 옮김, 따님, 2000.)

Bryan G. Norton, *Sustainability*, Univ. of Chicago Pr, 2005.

〈마지막 질문. 이제 우리에게는 어떤 질문이 남아 있을까?〉

マルクス/武田隆夫 譯『經濟學批判』巖波文庫 1956(칼 마르크스, 『정치경제학 비판을 위하여』, 중원문화, 2017.)

フランシス・フクヤマ/渡部昇一 譯『歷史の終り』三笠書房 1992(프랜시스 후쿠야마, 『역사의 종말』, 이상훈 옮김, 한마음사, 1992.)

ジャク・デリダ/増田一夫 譯『マルクスの亡靈たち』藤原書店 2007
(자크 데리다, 『마르크스의 유령들』, 진태원 옮김, 그린비, 2014.)

ニーチェ/原佑 譯『勸力への意志』ちくま學藝文庫 1993(프리드리히 니체, 『유고 ―1887년 가을~1888년 3월』, 책세상, 2000.)

ハイデッガー/森一郎 譯『ブレーメン講演とフライブルク講演』創文社 2003

ハイデッガー/川原榮峰 譯『形而上學入門』平凡社ライブラリー 1994

마르틴 하이데거, 『슈피겔』지 대담』, 장승규 옮김.

ジャン＝フランソワ・リオタール/小林康夫 譯『ポスト・モダンの條件』水聲社 1989(장 프랑수아 리오타르, 『포스트모던의 조건』, 유정완 외 옮김, 민음사, 1992.)

ミシェル・フーコー/渡辺日民・佐々木明 譯『言葉と物』新潮社 2000(미셸 푸코, 『말과 사물』, 이규현 옮김, 민음사, 2012.)

グレゴリー・ストック/垂水雄二 譯『それでもヒトは人體は改變する』早川書房 2003

ジャク・デリダ/高橋允昭 譯『ポジシオン』靑土社 2000(자크 데리다, 『입장들』, 박성창 편역, 솔, 1992.)

현대 사회를 읽는 질문 8

초판 1쇄 인쇄 2017년 11월 10일
초판 1쇄 발행 2017년 11월 20일

지은이 오카모토 유이치로 **옮긴이** 지비원 **펴낸이** 김종길 **펴낸 곳** 글담출판사

편집 박성연 · 이은지 · 이경숙 · 김진희 · 임경단 · 김보라 · 안아람
마케팅 박용철 · 임우열 **디자인** 정현주 · 박경은 · 이유진 · 손지원 **홍보** 윤수연 **관리** 김유리

출판등록 1998년 12월 30일 제2013-000314호
주소 (121-840) 서울시 마포구 양화로 12길 8-6(서교동) 대륭빌딩 4층
전화 (02) 998-7030 **팩스** (02) 998-7924
페이스북 www.facebook.com/geuldam4u **인스타그램** geuldam
블로그 http://blog.naver.com/geuldam4u

ISBN 979-11-86650-41-7 (03100)
책값은 뒤표지에 있습니다.
잘못된 책은 바꾸어 드립니다.

이 도서의 국립중앙도서관 출판시도서목록(CIP)은 e-CIP 홈페이지(http://www.nl.go.kr/ecip)와
국가자료공동목록시스템(http://www.nl.go.kr/kolisnet)에서 이용하실 수 있습니다.
(CIP 제어번호 : 2017028309)

글담출판에서는 참신한 발상, 따뜻한 시선을 가진 원고를 기다리고 있습니다.
원고는 글담출판 블로그와 이메일을 이용해 보내주세요. 여러분의 소중한 경험과 지식을 나누세요.
블로그 http://blog.naver.com/geuldam4u **이메일** geuldam4u@naver.com